俞蘭 —— 著

底線思維

BOTTOM LINE THINKING

風險掌控與邊界設定的智慧

站穩原則起點,突破自我界限!
底線思維教你如何在風險中找到平衡點,掌控人生主動權

◎ 懂得適時止步,才是真正的掌控者
◎ 當底線劃定,成功的邊界也逐漸清晰
◎ 分寸不是桎梏,而是通向高峰的起點

未雨綢繆,才能在這個險象環生的時代安然前行
當危機來襲,底線是唯一能讓你站穩的無形界線

目錄

序言	底線，決定你的擁有	
上篇	有底線的思維才是好思維	
009	第一章	底線思維：為人處世的原則
027	第二章	底線思維：由下而上的基礎思維
047	第三章	底線思維：預設紅線的前瞻性
063	第四章	底線思維：融入社會的防範策略
079	第五章	底線思維：靈活的權變策略
099	第六章	底線思維：最後的底牌
下篇	善用「底線思維」解決問題	
117	第七章	創業的底線思維：生存與團隊是第一
133	第八章	職場的底線思維：共生與共贏
147	第九章	社交的底線思維：保持距離不越界
167	第十章	教育的底線思維：愛的平衡
189	第十一章	投資的底線思維：安全至上
209	第十二章	情感的底線思維：雙向奔赴的平衡

目錄

序言　底線，決定你的擁有

在生活與工作中，經常聽到「大不了」、「最壞也就這樣」之類的話，這既是對待不確定性或是風險的一種態度，也體現了一種邊界思維，即底線思維。

「底線」是一個人們耳熟能詳的詞。它是社會事物保持其現有狀態的下限，一旦突破這個「下限」或「臨界點」，社會事物就會陷入更低一個層次的狀態，甚至陷入不堪設想的可怕境地。底線之所以不可踰越，是因為它是向壞的、低層次的狀態蛻變的臨界點。

簡單來說，底線就是標準、原則、規矩，就是紅線、底牌，是事物發生變化的臨界點。突破底線，意味著越界，這個「界限」可以是明文規定的法律法規、職業規範，也可以是隱形的倫理道德界限。無論個人，還是團體，都必須有底線意識，都必須秉持底線思維做事。

一定程度上，一個人的底線代表了他的價值和追求，決定了他的行為和選擇，也影響了他的生活和人際關係。如果一個人的底線較低，就容易做出一些不道德或錯誤的行為，也容易被他人所利用或傷害。比如，一些公司在追求利益時突破法律

序 言

底線，製造假冒偽劣產品、侵犯他人權益。這樣的行為不僅會影響到他人的健康和安全，也會損害公司的聲譽。

底線思維就是以底線為立足點向上尋求發展的一種思維。它不是一種消極、被動、只作防範的思考方式，而是一種積極主動的思維。古今中外，人們都非常重視底線思維。古人云：「凡事豫則立，不豫則廢。」《增廣賢文》中說：「君子愛財，取之有道。」「資本大鱷」華倫・巴菲特（Warren Buffett）說：「沒有底線的人，就像沒有根的樹，沒有底線的人生，就像沒有舵的船。」

很多人缺乏底線思維，看問題只看好的一面，而看不到問題背後的隱憂，對困難猜想不足、對風險預測不夠，只有在遭遇阻礙時才幡然醒悟，才知亡羊補牢，可是往往悔之晚矣。

事實一再告訴我們，秉持底線思維為人處世，才會讓我們的生活多了依靠和保障，才會有備無患、遇事不慌，最大程度掌握住人生主動權，才有可能進入「從心所欲不踰矩」的人生境界，達觀從容地朝著既定目標出發。

在如今頻繁變化的社會，每個人都要面對諸多不確定性，要守護和創造幸福美好的生活，必須要培養和提升自己的底線思維能力，才能更好地應對風險和危機，更好地擁抱未來。

上篇
有底線的思維才是好思維

上篇　有底線的思維才是好思維

第一章
底線思維：爲人處世的原則

　　為人處世時一定要把握好各種「底線」，做到「君子有所為，有所不為」。違背做人原則和損害他人權益的事，無論誘惑多大，都不能去做。事有底線，方好做人。

上篇　有底線的思維才是好思維

心中有尺，腳下有路

　　古語云：「出言有尺，嬉鬧有度，做事有餘，說話有德。」在現實生活中，懂得把握分寸、控制尺度的人，往往有更高的修養。在他們心中，始終有一把「尺」，既量德行也量品格，既量別人也量自己，既量是非對錯也量真假善惡。

　　有了這把「尺」，他們的言行便有了規範，做人做事便有了底線──什麼話可以說，什麼話不能說，什麼事可以做，什麼事不能做，都可以拿捏好分寸，而不至於走彎路、走錯路，甚至引火燒身。

　　比如，有人喜歡玩「梗」。當「梗」超越一定的尺度與底線時，便容易傷害他人的尊嚴。有一次，一位演員針對一些文化藝術家的性別與身分玩梗，結果引發了一場公眾對其言論道德和侵犯他人個人尊嚴的抨擊。

　　很多時候，我們脫口而出的一些話，隨性而為的一些事，在自己看來再「正常」不過，但是換個角度看，它們可能已經「越界」、已經侵犯了別人。很多人都會犯這樣的錯，事後卻一臉的無辜：「為什麼會這樣，我也不是故意的呀！」

　　要避免類似的問題為自己的人際關係、工作、生活帶來不必要的麻煩，心中一定要有相應的「尺」──用它來衡量自己、約束自己、要求自己。只有把握好做人辦事的尺度，才能

第一章　底線思維：為人處世的原則

走好腳下的路。

在新聞報導中，經常看到一些官員的懺悔鏡頭。其實，他們中的很多人之前都兢兢業業、恪盡職守，但是最後卻誤入歧途，自毀前程，就是因為他們沒有把握好心中的「尺度」。沒有隨時用心中的「尺度」去量人量己，做不到「見賢思齊，見不賢而內自省」，這才走歪了路。

再如，隨著網路直播的盛行，一些網路主播為了獲取流量毫無下限，不但擾亂了網路秩序，也時常觸碰法律和道德底線。結果呢？要麼被封殺，要麼受到法律制裁。正所謂「矩不正，不可為方，規不正，不可為圓」。心中有「尺」有「度」，才能在頂峰相見。

要攀登人生與事業的高峰，心中始終要有「尺」，否則，失去尺度，面臨的可能就是萬丈深淵。

人生須有尺，做人須有分寸。不論做什麼事情，掌握尺度非常重要。通常，真正格局大的人，在做人辦事方面往往能把握好二種尺度。

第一種：比較之尺

有道是「眼是一把尺，量人先量己」。如果以真善美為參照物來「測量」自己的話，那謙虛與驕傲、儉樸與奢侈、成功與

上篇　有底線的思維才是好思維

失敗、善惡與美醜、真實與虛假等，就一目了然了。有時，我們會不經意地去評價別人，甚至是批判別人，卻忘了回頭審視自己。

其實，每個人都有自己的缺點，每個人都需要一把「比較之尺」，在看到別人問題與缺點的同時，也要懂得內省。這樣才能不高估自己，不低估別人，認清客觀事實，理性看待問題，避免說過頭的話、做過頭的事。

當然了，如果別人很優秀，那就把他們作為參照，讓自己的學習有了方向與標竿，日日精進，讓自己變得越來越優秀，何樂而不為呢？

第二種尺：底線之尺

古語云：「君子有所為，有所不為。」這裡的「為」與「不為」之間，就是原則，就是底線。行走世間，一定要有自己的底線，清楚什麼可為，什麼不可為。大千世界，難免會有各色各樣的誘惑。有了底線，才有差別。

比如，有人習慣貪小便宜，總認為這不算什麼大的錯誤，其實，這種觀念是極其謬誤、極其有害的。生活中，那些貪小便宜的人，原本沒有這種習慣，就是因為控制不住自己貪圖小便宜的心理，一次次突破自己的底線，直到產生偷盜的念頭。

最終，不但自毀前程，付出較大代價為自己行為買單，還傷害到了他人。

有一位學者說過，「一個人，沒了底線，就什麼都敢做；一個社會，沒了底線，就什麼都會發生。」人生之路，從來都不是康莊大道，總有九彎十八拐，讓我們面臨各種考驗和挑戰。只有做到心中有尺，過有底線的生活，做有分寸的事情，才不會迷失自我，才能行得更遠，走得更穩。

分寸感與底線

《呂氏春秋》中有這麼一句話：「全則必缺，極則必反，盈則必虧。」什麼意思呢？簡單來說就是，太過完美，就一定會出現缺陷，發展到極端一定會走向反面，太過滿盈必定會發生虧失。它對我們做人辦事的指導意義在於：凡事要掌握好分寸感，過猶不及。

這裡的「分寸感」，是我們站在自我的角度上，清醒地認知自己的身分和地位，懂得與他人交往、交流、維繫關係的底線。平時，我們說一個人「不知深淺」，不是說這個人的性格不好，或是不太合群，而是說他掌握不好說話辦事的火候，總說過分的話、做過分的事，拿捏不好為人處世的分寸。

上篇　有底線的思維才是好思維

比如，有的人喜歡打聽別人的隱私，即便是陌生人，沒聊上幾句，就會問對方「做什麼工作的」、「一個月賺多少錢」、「你爸爸是做什麼的」……其實，這就是一種典型的說話沒有分寸的表現。生活中，像這樣的例子不勝列舉。

實際上，生活中百分之九十九的煩惱都源於做人做事拿捏不好分寸。人生的大部分課題都與人際關係相關，而把握好做人做事的分寸，才能把握好人際關係。即便雙方的關係再好，也要有分寸感。千萬不要覺得雙方已經很熟了，就可以隨意開玩笑。每個人的底線不一樣。你說一個胖子「胖」，是調侃，你說人家「肥」，多少有些侮辱的意味。你說朋友是「笨蛋」，是玩笑話，你說他「有點傻」，就是對人不敬。私下裡熟悉的朋友開玩笑的尺度可以很大，但是如果在場的人較多，隨便開玩笑，可能就會傷到朋友的面子。總之，說話辦事要有分寸，否則會讓自己和他人很尷尬。

分寸拿捏不好，容易差之毫釐，謬以千里。比如，做人太過，容易招人厭煩；做事太剛，容易招惹是非；做事太忍，容易喪失原則，讓人一次次越過底線。

人與人之間的相處，最難把握的就是「剛剛好」的分寸感，既不顯得生分，也不顯得過分。現實中，那些所謂「高情商」的人，其實都是能巧妙把握分寸感的人。

一個有分寸感的人，心中時常「裝」著別人，說話會考慮對

方的感受，不會熟不拘禮。讓他們做事很放心，這不只在於他們的聰明、勤奮，也在於他們對人性的洞察，他們懂得什麼叫恰如其分，什麼叫不偏不倚，什麼叫見好就收。總之，他們懂得如何掌握分寸，知道如何把事情控制在一個合理的範圍內。

東漢末期，曹操身邊有一位謀士，叫楊修，聰明過人。

曹操建了一座相府花園。有一次，他去檢視花園的大門。看過後，他讓人取來一支筆，在門上寫了個「活」字，便轉身離開了。在場的人面面相覷，不明所以。這時，楊修站了出來，解釋說：「門裡添活，就是『闊』字。丞相是嫌門太招搖了！」

於是，工匠改造了園門。曹操看了後非常滿意，在了解事情原委後，當著大家的面誇了楊修一番。

有一次，曹操帶兵攻打漢中，一連吃了幾次敗仗。一天，曹操一邊吃著雞腿，一邊思考「要繼續進攻，還是後退」時，大將夏侯惇前來請示夜間口令，曹操隨口說：「雞肋。」

楊修聽到這個夜令後，便告訴隨行軍士：「各自收拾，準備歸程。」

部將們紛紛問起緣由，楊修說：「雞肋，食之無味，棄之可惜。丞相想班師回朝。」

曹操得知此事後，肺都快氣炸了。他不容楊修辯解，便以「擾亂軍心」之罪將其當眾處死。

不可否認，楊修是個難得的人才，但是，他有一個不好的習慣，就是表現欲太強，做事喜歡出風頭，經常耍一些毫無分寸感的「小聰明」，正是這個「毛病」讓他丟了性命。

說話辦事寧可藏拙，不可踰越。當進時則進，當退時則退，當顯時則顯，當藏時則藏。凡事過則損。《禮記・中庸》有云：「君子素其位而行，不願乎其外。」意思就是：君子就應當安於現在所處的位置，去做應做的事，不生非分之想，不越界。正所謂「不在其位不謀其政」也。

生活中，我們都喜歡和懂分寸的人交往。那麼如何做一個有分寸感的人呢？關鍵要把握好兩點：

第一點：知道事情的邊界。

做任何事情，找到事情的邊界是非常重要的，就像國家有國家的法規，公司有公司的規定一樣。每個人做事的邊界是不一樣的，做事的邊界就是做事的原則。別人做事的邊界，你需要嘗試才知道。你自己做事的邊界，那就是你自己定的。「邊界」可以幫助我們約束自己的想法，防止隨心所欲。確立了邊界之後，相當於為思想這匹「馬」新增了一條韁繩，讓它變得可控。

第二點：清楚對方的底線。

對方的底線就是你不能碰觸的那條關係「高壓線」。如果你不知道對方的底線，那麼你就不知道如何發展你們之間的關

係。溝通時，了解對方的底線，是為了讓你更加清楚對方在想什麼，從而有的放矢，不至於觸犯對方的忌諱。否則，一再跨越對方的底線，踩踏對方的禁區，即便兩個人關係再好，也會心生嫌隙，甚至是反目成仇。

做人是做事的開始，做事是做人的反映。拿捏不好這兩點的人，永遠都是成功的「邊緣人」。只有保持合適的分寸，才能保持人際關係的穩定和平衡，做到穩中有進，並在一分一寸中疊加起人生的高度。

藉由底線看人品

鑑別一個人人品好壞，究竟要看什麼？答案雖然有很多，但是歸根結柢都與其對原則與底線的堅守相關，正如一句話所說：「貧，視其所不取，窮，視其所不為。」意思是：看一個人品行，要看他貧窮不得志的時候，堅持不做什麼。由此可見，底線是人品的底色。

義大利著名作家伊塔羅・卡爾維諾（Italo Calvino）曾說，一旦你放棄了某種你原以為是根本的東西，你就會發現你還可以放棄其他東西，以後又有許多其他東西可以放棄。底線一旦被突破了一次，就很難再有底線了。不斷突破底線，就是墮落的

開始。由此,有些時候,稍一失足,便是人生的深淵。守住底線,其實就是守住了人品的底色。

有位董事長在一場演講中說:「做人也好,做事也好,一定要儲存底線價值的思維。」

這句話有些抽象,怎麼理解呢?他解釋說:「你千萬不要做欺瞞老百姓的事情,不要做有失誠信的事情,更不要做毒害老百姓的事情。這樣,即使你遇到困難,最後翻盤的時候,你也是有基礎的。如果你原來做過壞事,或者你的企業原來是無價值底線的,吃了很噁心的各式各樣利益,等到你再重新想要發展的時候,老百姓翻出你的舊帳,你就很可能沒有任何翻盤的機會了。」

這段話非常精采。人可以犯錯,但是不能做虧心事。人活一輩子,人品才是最好的底牌,才是一個屹立不倒的靠山。人品好的人,信守承諾,說到做到,辦事公道本分,能贏得他人的尊敬,會有更多人願意相信他們,願意與他們深交,給他們機會。長此以往,他們的人脈之樹會日益枝繁葉茂,事業會越來越興旺。

如今,很多人都在藉助網路、自媒體、短影片來打造個人IP,希望讓自己變紅,從而實現流量變現。但是,真正能紅起來的又有多少人呢?有的人一旦小有名氣,就開始自我膨脹,不是炫富,就是發表一些奇談怪論,抑或販賣一些假冒偽劣產

品。結果很快就「出事」了。為什麼？因為他突破了底線，人品底色不足。

有的人一夜之間紅起來，會有不少人去「挖」他的過去，在什麼學校讀過書、做過什麼工作、參與過哪些項目，有什麼樣的背景……只要這個人在某方面稍微有些瑕疵，都會被成百倍、成千倍地放大。所以說，人品相當重要，當人品有問題時，早晚會被網友扒出來，也早晚會「翻車」。

約翰‧沃夫岡‧馮‧歌德（Johann Wolfgang von Goethe）說：「無論你出身高貴或者低賤，都無關宏旨，但是你必須有做人之道。」從這個角度上看，一個人真正的資本，不是出身，也不是美貌，更不是錢財，而在於做人的底線，底線是人品的底色，是生而為人的必要條件。一個人的底線，就是他的人格，一個人的底線在哪裡，他的人格底色就在哪裡。一個人做事有底線，才會有信心。人品好的人，都有不可動搖的底線。他們不會為了討大家喜歡而一再放低自己的底線。

底線是一個人生存的「邊界」，當你不斷降低底線時，就是在不斷縮小自我的領域。

那麼我們該如何守好底線，為人品增色呢？關鍵要把握好三點：

1. 顧及他人的安全與利益

《菜根譚》中說：「不求非分之福，不貪無故之獲。」我們要有一顆靜心，不要有過多的奢求；要有一顆淨心，即便自己的需求再迫切，「便宜」再唾手可得，也不要伸手去拿。不覬覦不屬於自己的東西，這就是底線，就是人品的底色。

做任何事情不能只為自己著想。如果人人都只想著自己，而不顧及他人的安全與利益，那麼這個社會的平衡將會被徹底打破。這個社會的根基也會變得腐朽，搖搖欲墜。只考慮自己的人，即使在當時會使自己獲利，但是就其一生而言卻是無法得到那種去付出的幸福，整個一生也是空洞而無意義的。

2. 堂堂正正行事

在人際交往中，再窮再難也不能為了利益陷害他人，這是一個正直之人的道德底線。沒底線的人，會因為利益而背棄親友，甚至做一些傷天害理的事情。陷害朋友的人往往會害人害己，就如同寓言故事裡講的那樣：

驢子與狐狸是好朋友。有一天，他們同行外出的途中遇到了老虎。狡猾的狐狸為了自保，就跑到老虎面前，說他可以幫老虎捉住驢子，只求老虎放了他。老虎答應了。於是狐狸便引誘驢子掉進一個陷阱裡，老虎見驢子已經是囊中之物，插翅難

飛，便扭頭撲向狐狸。

由此可見，算計朋友，其實也是在為自己挖坑。只有行事堂堂正正，才能受人尊重。

3. 堅守底線不動搖

所謂底線，簡單來說，就是紅線，過之則危險，守之則安全。有句電影臺詞這樣說：「沒有邊界的心軟，只會讓對方得寸進尺；毫無原則的仁慈，只會讓對方為所欲為。」在威廉・薩莫塞特・毛姆（W. Somerset Maugham）的長篇小說《月亮和六便士》（*The Moon and Sixpence*）中，斯特洛夫是一個可憐又可悲的人。

他是一個不入流的小畫家，沒有一點脾氣，甚至沒有一點自尊。藝術家查爾斯經常嘲笑、羞辱他，但是斯特洛夫不但沒有怨恨，還崇拜他如偶像。當他發現查爾斯在出租屋中發燒，差點喪命時，第一時間將查爾斯接到家裡，還讓妻子幫忙照顧。但是，查爾斯並沒有表示任何感激，反而得寸進尺，以「專心畫畫不宜打擾」為名，趕走了斯特洛夫，霸占了他的畫室。

生而為人，我們都應該有自己做人的原則、行事的標準，都應該有不允許別人觸碰的底線。如果一個人的善良沒有鋒芒、寬容沒有底線，只會遭受惡人肆無忌憚的欺辱和傷害。

上篇　有底線的思維才是好思維

　　有位作家說過一句話:「一個人只有守住底線,才能獲得成功的自我與成功的人生。」底線是不可踰越的紅線、警戒線,就像江河的水線,當水有一定高度時,船才好行駛,人才好游泳,如果有一天水降到了水線以下,不論是船還是人,都會陷在爛泥裡。

　　同時,底線也是為人做事最低的一道標準,是最起碼要遵循的規則,是踰越之後需付出巨大代價的最後屏障。底線一旦失守,面對的都將是災難。所以,無論做人還是做事,都要有自己的底線,而且要堅守底線不動搖。這樣,才能保全自己,才能有機會展現自己的人格魅力,也才能為自己樹立一個良好的口碑。

人生的保護線

　　早在兩千多年前,孟子在談及人與動物的區別時,說了這麼一段話:「人之所以異於禽獸者,幾希,庶民去之,君子存之。」意思是說,能將人與動物區別開來的東西,其實就那麼一點點,堅守這一點(存之)就成為君子,而丟掉了這一點(去之)就和動物差不多。這個「幾希」便是人禽相異的界線,堅守這個「幾希」,就是人之為人的底線。

做人之所以要有底線,一個核心的目的是更好地生存。人,是社會的存在物,任何人都不能脫離社會環境而獨自活在這個世界上。只有大家都能生存,自己才能生存,只有大家都活得好,自己才能活得好。所以,我們心裡要有是非善惡的標準,要在頭腦中清晰地劃出各種底線,並時常提醒自己:不要觸碰、踩踏、碾壓或者違反。

當然,每個人對道德的要求和標準不一樣,有高有低,標準迥異,但是做人做事,最基本的底線必須要有。透過立法程序明文規定下來的,是「法律底線」;在社會生活中約定俗成,大家要共同遵守的,是「道德底線」;每個行業需要堅守的原則,如商家不賣假貨、會計不做假帳、醫生不開假藥,是「行業底線」和「職業底線」。如果人人都能守住這些底線,那整個社會便擁有了一條美麗的水準線──文明。

人生在世,經歷無數,面對各式各樣的誘惑和考驗,如果沒有底線這個戒律作保證,就很可能讓自己的人生出位,甚至出大事。心存僥倖必然突破底線。只有人人守住底線,才能讓社會保持平穩,同時也能成全自己。從這個角度上說,底線就是保護線。

如果沒有底線意識,一再降低自己的底線,比如超市販賣腐敗變質的食品、企業弄虛作假、學者指鹿為馬、裁判大吹黑哨、官員貪贓枉法等,社會將會失去共同遵守的底線,世道人

上篇　有底線的思維才是好思維

倫必定敗壞,到時每個人都會深受其害。

梁毗是隋文帝時有名的廉吏。在梁毗剛當上西寧州刺史時,當地的一些富商為了拉攏討好他,送給他大量金銀珠寶,但是每次都被梁毗謝絕。開始,富商們以為梁毗在裝模作樣,便三番五次地進獻。

有一次,梁毗乾脆將金子放在一邊,對著進獻的人嚎啕大哭:「這些金子飢不可食,寒不可衣,你們卻執意要給我,這豈不是想害死我啊!」他一邊哭著,一邊再次將金子拒之門外。

這即是歷史上有名的「拒賄哭金」的故事。那麼是什麼讓梁毗在誘惑面前保持了清醒的頭腦?簡單說,就是「底線思維」。梁毗深知世上沒有免費的午餐,今天收了人家的錢財,人家必然要從你這裡獲取好處,這就迫使自己用手中的權力做一些違法亂紀的事情,說不定哪天就會因此掉了腦袋。因此,不收賄是他做官的一條底線,守住這條底線,可以避免很多禍患。

和梁毗「拒賄哭金」一樣,公孫儀嗜魚但是拒魚的故事,也一直是千古美談。《韓非子‧外儲說右下》中記載了這麼一個故事:

春秋時期,公孫儀任魯國宰相。公孫儀非常喜愛吃魚,許多人都搶著買魚送他,公孫儀卻不肯接受。他的弟子問他:「您這麼喜歡吃魚,卻不肯接受別人的餽贈,這是為什麼呢?」公孫儀說:「正因為我愛吃魚,所以才不肯接受。如果我接受別人送

第一章　底線思維：為人處世的原則

的魚，那在他們面前難免會低聲下氣，並有可能做一些違法的事，而違法就會被免除相位。相位不保的話，誰又會送魚給你吃？謝絕別人送的魚，不致被免除相位，又能長久自給自足，豈不是很好嘛。」

在這個故事中，公孫儀有著清晰的底線思維，深知個人好惡與事業興衰成敗之間的關係，並始終做到抵禦誘惑，慎其所好。

時過境遷，這些故事依然對我們的生活、工作有著重大的啟發意義——做人做事一定要講原則，有底線，這既是一種風險防範，更是一種自我保護。如果我們缺少底線思維，做事心存僥倖，認為破一兩次底線不會怎麼樣，慢慢地就會失去防範意識，由此喪失做人的原則，壞了自己的名聲，甚至會步入歧途。

人活於世，底線就像是人生的保護線，是一個人安身立命之本，它擦亮了我們被利益矇蔽的雙眼，把我們和那些高風險的危險事物分隔開來。如果無原則地追求名利、追求自我，就容易喪失底線，最終必將自食其果。

上篇　有底線的思維才是好思維

第二章
底線思維：由下而上的基礎思維

　　底線思維不是一種故步自封的思維，「守住底線」只是底線思維的起點，其目標是由下而上向高處進軍。正所謂「守住底線，方能到得頂點」。雖然頂峰風光無限，但是也只有守好底線，由下而上，才能到得頂峰。

守住底線，才能成就巔峰

一個人沒了底線，就失去了做人的原則。一個社會沒了底線，規則就形同虛設，如此，世界的平衡就會被打破，就會發生各種動亂。

人活一輩子，要靠什麼立於不敗之地，或飛黃騰達呢？要靠底線思維。底線思維是一種基礎性思維，一個人只有守住底線，由下而上，才能獲得成功的自我與成功的人生。古人云：「知止而後有定，定而後能靜，靜而後能安，安而後能慮，慮而後能得。」這裡的「知止」就是一種底線思維。底線不是低線，在守住底線的同時要不斷向高處努力，才能掌握做事的主動權，也才能獲得大的成功。

底線思維最大的對立統一，就是「底」與「頂」的有機結合，沒有「守底」就難達其「頂」。底線和高線是一對辯證關係，組成一個事物執行的合理區間。守住底線只是最低要求，重要的是，要不斷向高線進軍，有道是「守乎其低而得乎其高」，其中的「低」是底線，「高」是頂峰；如果不能守底，便難以達到頂峰。

無論從哪個角度考量，為人做事都要建立基礎性的底線思維，由低到高，最終實現大的目標。由此，在處理某問題或做事之前要明確這麼幾個問題：

第二章　底線思維：由下而上的基礎思維

「我有沒有底線？」

「我的底線在哪裡，具體有哪些底線？」

「我能否突破這些底線，突破的後果會如何？」

「突破這些底線會對哪些人產生影響？」

「防範這些底線的主體是誰？」

能理性、務實，且有邏輯性地回答這些問題，有助於我們底線思維的建立與優化。

我們總是致力於追求美好的事物、美好的結果，卻往往忽略了事情變壞的可能，尤其是最壞情況的出現。擁有底線思維，就是在想問題、處理事情時，會居安思危，凡事既向好的方面設想，也作最壞的打算。這樣，就可以做到有備無患、遇事不慌，牢牢把握事情的主動權。從這個角度上看，底線思維是一種預判性策略思維──立足於最低，爭取最高，功夫下在「防止最低」、「達到最高」的努力上，探「底」是為了努力登「高」。

聯合國總部坐落在瑞士的日內瓦，這是一個非常漂亮的海濱城市。去過那裡的人會發現：在整座城市中，沒有高大的建築，也看不到豪華的大廈，很多都是十八九世紀的建築，甚至還保留著中世紀的古典建築。就是這樣一座「陳舊如斯」的城市，卻給人一種清新、淡雅的感覺。

在日內瓦，建築物的高度不能超過 37.5 公尺，這是明文規定

的，是一條建築底線。如果某建築物超過這個高度，不僅要被拆除，而且違令者會被剝奪在瑞士購房的資格。為什麼是37.5公尺？因為100年前建造的聖彼爾教堂的高度為37.5公尺，它被視為日內瓦的象徵。由此看來，37.5公尺不只是日內瓦城市建築的限高，也是一個城市站在歷史角度考慮問題的高度。

建築是城市的語言。每座城市都有它不同的色調、建築特色以及風土人情。日內瓦堅守的底線，是不可妥協的、不容商量的。正是這種對「底線」的堅守，在帶給人們別樣感受的同時，也提升了城市的「高度」。

在生活中，不少人高不成、低不就，最基礎的工作都做不好，真的是能力問題嗎？未必，很多時候，是這些人底線不清晰，或者說根本就沒有底線思維。正常情況下，一個人的能力是有下限與上限的，而他們總是希求最好的結果，卻忽視了壞的可能，尤其是最壞的情況的出現。換句話說，就是他們為自己定的底線高，而自身的能力又達不到，結果「有頂沒底」，典型的才華與夢想不匹配。

在商界或職場中，無德、失德行為屢見不鮮。很多人之所以一心想著飛黃騰達，或是某一天突然爆紅，抑或抓住某個風口發筆橫財，是因為在他們的潛意識中，有這樣一套邏輯：想要成名，想要賺錢，就不能走尋常路。所以，他們嘗試尋求各種「捷徑」，打法律的擦邊球，喪失職業道德，甚至失去做人的基

本尊嚴與準則,完全不顧忌做人做事的底線。

其實,無論是哪個行業的佼佼者,明星也好,企業家也罷,抑或網紅,都不是一夜成名的。他們之所以自帶流量,靠的不是姣好的容顏,而是出色的才華與素養,以及為人做事所秉持的底線。他們在不斷拔高自己能力、提升自己品行的同時,也在以遠高於常人的標準來要求自己。從這個意義上說,他們的底線與品行一樣,是在不斷提升的。如此,才能不斷精進,最終獲得成功。

擺脫限制性觀念

底線思維要求為人做事守規矩,不踰越紅線、不碰高壓線,但是絕非抱殘守缺,而是立足底線、追求高線。很多人在這方面有一個錯誤的認識,認為「底線思維」就是為自己設立各種框架,不犯錯、不捅婁子,或者奉行「寧可不做事,也不能惹事、出事」的做事準則。嚴格來說,這是一些限制性觀念,是被動的「堅守」,是故步自封、畫地為牢,而不是真正的底線思維。

守住底線只是底線思維的起點。守住底線,就是將潛在的危險和危機控制在可以掌控的範圍內,或者將其隔離在安全線之外。底線思維蘊含著積極有為的態度,而不是無所作為的消極防禦。要發揮這種思維的能動性,必須要消除一些根深蒂固

的限制性觀念,不要一味想著「守」,而要學會在「守」的基礎上「攻」,就像足球比賽一樣,最好的防守就是進攻。

來看下面一則故事:

一頭大象被一根細細的繩子拴在園子裡,很多人看後都說:「大象不需要用多大的力氣,就可以掙脫繩子的束縛。」但是大象始終沒有這麼做,只是靜靜地站著,或者在繩子「允許」的範圍內活動。

為什麼大象不掙脫繩子的束縛呢?只因為牠已經習慣了繩子的束縛。很小的時候,管理員就用這根繩子拴著。如今當初的小像已象經變成了大象。大象雖然長大了,但是依然認為那根繩子能拴住牠,所以沒有產生要掙脫的想法。

看到這裡,已經明白:拴住大象的不是繩子,而是牠的「限制性觀念」。同樣的道理,很多時候束縛我們手腳、限制我們行動的,也不是外界的看起來苛刻的條件、環境,恰恰是植根於我們內心的限制性觀念。

什麼是限制性觀念呢?簡單來說,就是阻礙做出行動或是改變的念頭、想法、觀念。例如,我們一再被教育在某件事情上應該怎麼做、不應該怎麼做。當我們遇到這樣的事情時,便會下意識產生限制性觀念:「哦,這件事情不可以這樣做。」

我們經常說的「改變觀念」,其實主要指的是改變一些限制性觀念,畢竟,世界在變,環境在變,過去認為對的觀點、做

第二章　底線思維：由下而上的基礎思維

法，會隨著時間與環境的變化，而變得不合時宜，甚至是錯誤的。但是，現實生活中總有一些頑固的人，他們不但會堅守老觀念，也不容別人觸及和改變他們。他們一直用這些觀念來指導自己的行為，從而形成一套固有的行為模式。

常見的限制性觀念有三類，它們對一個人身心的發展有著重要影響。

（1）無望。一個人在感到無望的時候，也是最容易突破自己底線的時候。比如，有人認為「不論自己怎麼努力，都無法實現既定的目標」，這時，他就可能放縱自己，也可能降低對自己的要求。在他的潛意識中，再堅持自己之前的底線，已沒有意義，必須要做出改變。

有的人經常換工作，一年換三四次，是工作難做，還是自己能力不足？其實都不是，是他們在工作一段時間後，覺得「不論自己如何努力都沒有用，自己想要的終究得不到，它們不在自己的掌控範圍之內」，怎麼辦？乾脆換一家！剛進公司時，他的想法可是「我一定要好好做，至少要在這家公司做一年」，結果只做了一個月。

（2）無助。無助，通常被認為是「雖然目標是可以實現的，但是自己缺少相應的能力」的情緒反應。在一個人相信他追求的目標是現實的，也是有可能達成的，但是他又不相信自己擁有相應的能力時，就會產生一種無助之感。

上篇　有底線的思維才是好思維

當一個人感到無助的時候，也是他底線最容易動搖的時候。特別當他處於人生的谷底期，很難再堅守過往的一些原則時，他較容易做出的改變，就是向下突破自己的底線。事實上，他果真那麼無助嗎？未必，很多時候，是一些限制性觀念在作祟。如，認為「這超出了自己能力範圍」、「沒有公平可言，再努力也沒用」、「要求太高，根本達不到」等。其實，只要花些時間剖析一下自己，改變這些限制性信念，會發現事情原本沒有想像的那麼難。

（3）無價值感。所謂無價值感，通俗的理解就是「由於你做了某件事，或者因你的特定身分，而使你覺得不能追求某個目標」的心理感受。當一個人相信自己有一定的能力去實現某個目標，但是，又覺得自己「不配」追求這個目標時，就會產生一種無價值感。

限制性觀念，無疑對自我的實現有極大的阻礙作用。那麼，在發現自己擁有某種限制性觀念時，該如何有效地消除它呢？關鍵要把握下面五個步驟。

第一步，確認你的限制性觀念是什麼。找一張紙，把你認為的限制性觀念寫下來。它們可以是「我沒有能力」、「我沒有錢」、「我口才很差」、「我經驗不足」、「我比較內向」等等。總之，你能想到什麼，都把它寫下來。

第二步，舉出反例。從列出的觀點中挑出一條，然後找出

具體的案例來推翻它。案例可以是自己的，也可以是身邊人的。比如，「我的性格內向」，為了推翻這個觀點，你可以想像一下，你和朋友、同學等在一起暢聊的場面，當時，你看上去不是一個內向的人，而是一個勇於表達自己，也樂於表達自己的人。這樣，你就會發現，「原來這個觀念也是有漏洞的」，這樣的例子找得越多，你動搖這個觀念的機會越大。

第三步，認真想一想，這些觀念對你產生了哪些負面影響。比如，它們是否讓你坐以待斃，錯失了實現目標的良機；它們是否為你的社交帶來了一些困惑；它們是否對你的生活產生了一些煩惱等，把它們寫下來。現在，請閉上你的眼睛，再次想像那些觀念帶給你的煩惱。

第四步，尋找觀念產生的根源。你可以挖掘記憶深處，去不斷探尋：是過去經歷的某些事情，讓自己產生了這樣的信念，還是特定的生活環境使自己對某種現象產生了一些固有的看法等。比如，你喜歡寫作，也一直認為自己的文筆不錯，但是有一次，有人不留情面地說：「說實話，你這文筆太差了，確實不適合創作。」你心頭一緊，認為對方審美有問題。後來，又陸續有人表達了同樣的觀點：「你的文筆功底不夠。」那你可能就會真的懷疑自己：「我是不是真的有這麼差？」於是，你先前的信念就會動搖。想一想，你有沒有類似的經歷。如果有的話，盡可能喚起當時的感覺。

第五步，為你產生的觀念賦予新的內涵。在找到限制性觀念產生的原因後，要賦予它新的意義或內涵。如果大家都說你不適合創作，你可以對他們的這些觀點做出一些質疑或者解釋。比如：

「你們為什麼這樣說？我很想聽聽問題出在哪裡，我好改進。」

「可能我的寫作風格不符合他們的審美。」

「我相信自己會越來越棒，他們的意見對我是一種鞭策。」

同樣一件事情，從不同的角度理解，賦予它不同的意義，會讓我們產生不同的心態。所以，對一些限制性觀念要辯證去看。

經過上述幾個步驟，你會發現原來的一些限制性觀念會逐漸被淡化，與此同時，新的觀念正在形成。在適應新的變化和解決問題時，要不斷用新的觀念挑戰、替代舊的觀念，這意味著你的人生開啟了螺旋式上升模式。其實，這也是一個人成長的一種常見模式。

底線，在「短」不在「長」

管理學中有一個定律叫「木桶定律」或「木桶原理」，又名「短板理論」，最早是由美國管理學家勞倫斯・彼得（Laurence J. Peter）提出來的，其主要內容為：由多塊木板做成的水桶，能盛

多少水,並不取決於桶壁上最長的那塊木板,而恰恰取決於最短的那塊。

由此,我們可以得出兩個推論:一是當桶壁上的所有木板都一樣高時,木桶可以盛滿水;二是只要木板的長度不一,桶裡的水就不可能是滿的。

該理論給我們的一個啟發是:要重視短板,並學會補齊短板,盡可能讓「桶」裝更多的水。這裡的「桶」可以是企業、部門,也可以是團隊和個人,而「桶」的容量是整體的實力。其中的「短板」可以視為底線——底線越低,實力越低,反之亦然。

下面,我們以企業為例來說明這一點。一個企業,只有想方設法讓所有的板子都維持「足夠高」的高度,才能充分體現團隊精神和團隊作用,也才能有效提高企業的整體實力。越來越多的管理者意識到,只要某個部門有一個員工的能力較弱,那部門預期目標的達成就會受到負面影響。要從根本上提升部門業績,不是著力去提升優秀員工的能力、挖掘他們的潛力,而是要盡可能提升能力較弱員工的實力,如對其進行業務培訓等。

不只是企業,任何一個組織,內部都或多或少存在「短板」問題,你不能「扔掉」它,否則就會出現空缺,影響組織職能的發揮。怎麼辦?只能想辦法解決,具體說就是要先找到「短板」或薄弱環節,然後下功夫把它們「補」起來,使之向高處看齊,這種做法體現了底線思維。

具體來說,「木桶原理」體現的底線思維主要表現在以下幾個方面:

1. 補齊短板

最短的那塊木板的高低決定了桶可以盛多少水。只有將它補得與其他木板一樣高,木桶才能盛滿水。在一個團隊中,許多時候管理者清楚「短板」在哪裡,卻礙於面子不願揭短,或因畏難情緒作祟不敢揭短,更談不上去補短板。

顯然,這種做法並不可取,如果對「短板」只避不補,勢必會影響團隊的發展,進而可能影響整體效益。對個人來說也是如此,要客觀地審視自己,清楚自己的優劣勢,並有針對性地彌補自己的不足,才能實現個人的均衡發展。

2. 加固「底板」

如果將桶壁上的短板都補齊了,桶還是裝不滿水,那可能是桶底出了問題。比如,桶底不結實,有裂縫或是漏洞。怎麼辦?及時加固,讓它足以承受一桶水的重量。這裡的「桶底」指代一些基礎性的工作,正所謂「基礎不牢,地動山搖」。不論是個人還是團隊,如果日常性的工作都做不好,便不可能展現出厲害的實力,也很難經受得起考驗。

3. 消除縫隙

如果木板間有縫隙，即便木板很齊、很高，水也會透過縫隙流掉。因此，為了裝滿水，一定要補好這些縫隙。如果把木桶視為一個團隊，那每一塊木板都是團隊的一個成員。如果每個成員都有大局意識，且有較高的合作意向與合作能力，那相互之間的「縫隙」就會變小。要完全消除這些「縫隙」，最大限度發揮團隊的作戰能力，就必須使每一名成員都要有包容並幫助他人的美德，能夠充分發揮自己的優點，做好團隊合作，在行動上步調一致，做好補位銜接，增加團隊的「緊密度」，最終形成一個強而有力的團隊。

4. 擰緊鐵箍

通常，桶壁會被一道鐵箍牢牢地箍著。如果沒有了鐵箍的固定，在水的壓力下，木桶很可能會散架。這裡的「鐵箍」類似於我們常說的「法律」、「企業制度」、「企業文化」等。事實告訴我們，只有用適合的法規制度來約束集體成員，才能形成整體合力，增強凝聚力和戰鬥力，才能讓團隊成為一個堅固的「桶」，迎接各種困難和挑戰。對個人而言，這一道道「鐵箍」就是一條條底線，一刻也不能鬆動。

綜上所述，「木桶原理」給我們的啟示是：不論團隊還是個

人，為了在競爭中獲勝，要把關鍵的資源用在補「短板」上，特別是當一些短板嚴重制約個人或團隊能力的發揮，甚至成為致命弱點時，一定要主動、及時補齊，使短板不再成為制約發展的「痛點」。

起於最低目標，邁向最大期望值

現實生活中，人人都容易犯的一個錯，就是高估自己，而低估客觀因素帶來的困難，使設立的一些看似簡單的目標卻時常難以完成。進一步追本溯源，會發現這是因為缺乏底線思維而帶來的不良後果。

我們知道，從特定角度來看，底線即最下線，是不可踰越的界限和事物發生改變的臨界點。守之則安穩，越之則危險。相應地，底線思維就是客觀地設定最低目標，立足最低點，然後由下而上，由低向高，爭取最大期望值的一種思維。

很多人不具備這種思維能力，盲目設立目標。起初，鬥志昂揚，滿腔熱血，但是隨著時間的推移，耐心和信心也消磨掉了。為什麼？因為目標遙不可及。如果定一個與自己實力相匹配的目標，「跳一跳，搆得著」，那麼在實現之後，信心將會得到提振，隨後可以制定下一個目標，如此環環相扣，會進入良性

第二章　底線思維：由下而上的基礎思維

循環。反之，就會碰壁，就會失去信心。這體現了底線思維的存在意義。

舉個生活中的例子。

假如月薪是 3 萬元，設立一個年度存錢目標：一年存 15 萬元。如果沒有大的開銷，這個目標實現起來並不難。但是事實上，很多人是無法完成這個目標的。

為什麼？最大的原因是缺乏底線。經常是這個月花了 24,000 元，存下 6,000 元，想著「下個月少花一些，盡量存 21,000 元」，結果，下個月只存了 9,000 元。10 個月時，共存了 6 萬元。而當發現無法實現目標，便改主意了：一年存二三萬也不錯喲！

如果運用底線思維來完成這個目標的話，可以先做一個大體的計算：一年存 15 萬元，平均一天大概要存 420 元。然後每天堅持定存 450 元，如果有幾天沒有存夠，下次補齊。或者以一週為時間單位，即每週要存 3,000 元。這樣一來，會感覺存錢的壓力沒有那麼大了。

做其他事情也是如此，如果目標太大，最好把它分解成容易實現的小目標。這裡需要特別說明的是，這些小目標是必須要按時完成的，是「保底目標」，也可理解為底線。當你在不經意間完成一個個小目標，那距離大目標的完成也就越來越近。如果每個小目標都能提前完成，那整個大目標就會提前實現。

現實生活中，為了更好地運用底線思維，實現由小而大、由下而上實現目標，可以在以下幾個方面做些功課。

1. 適當降低難度

很多人都有這樣的感覺：在新的一天，如果從解決最棘手的問題開始，那工作狀態很難提升起來，而且容易產生抗拒心理，如果從完成簡單的事情開始，狀態會越來越好。這就告訴我們，做事情要先做容易的，先易後難，這樣容易產生好的結果。

比如，有的人為自己定了一個目標：三個月瘦 10 公斤。他經常是高強度地鍛鍊三五天，中間休息二三天，結果，一個月下來，體重不但沒減下來，反而有增加的跡象。於是，鍛鍊的信心沒了。其實，可以先降低鍛鍊強度，從簡單的運動開始，再不斷增加強度，這樣不但容易堅持，而且容易看到效果。

2. 逐漸提升能力

有了方向，有了目標，然後透過持續的努力來提升自己的能力，其實並不難。很多人之所以經常犯同樣的錯，能力不見長，主要有兩個原因：

一是太激進。做事像不規律地吃飯，要麼三天不吃，要麼吃一頓抵三天。提升自己的能力是一個循序漸進的過程，其間

要進行有規劃的學習，慢慢累積。即便是看一本書，也要逐段看完，看完一段消化一段，而不要囫圇吞棗。

二是太敷衍。有些人雖然不激進，但是習慣三天打魚兩天曬網，設定目標的時候熱血澎湃，而行動時則慢慢吞吞，三分鐘熱度。

目標是前進的動力。在向目標靠近的過程中，要心中有夢，腳下有路，持之以恆，踏踏實實，掌握好節奏，這樣才不會在忙碌的生活和工作中迷失方向，才能穩步地提升自己。

3. 設計清晰的工作思路

通常，如果工作沒有思路的話，很難集中注意力，容易拖拉，也不清楚自己在不同時間段到底做了什麼。在設計工作思路時，可運用逆向思維，即從必須要完成的目標這個底線入手，倒推具體的安排，從而形成一套完整的工作路線圖。在這個過程中，每一個環節如何實現、實現的進度怎樣，都需要方法來保證。

假如你是一位實況主，打算一年內要增加 100 萬粉絲。那麼從第 1 個月開始，每個月應該漲粉 8 萬左右。如果半年過去了，漲粉 30 萬，那剩下的 6 個月的時間裡，平均每個月要漲 15 萬粉，分攤到每週，就要漲將近 4 萬粉。簡單來說，就是從

目標出發,來反向推算每天應做哪些事、做多少、完成標準如何等。這樣一來,目標既有層次,又成體系,實現的過程一目了然。

很多企業都會運用這種方法來達成目標。比如:先將年度目標分解為多個細分目標,然後再分析哪些細分目標可以提升和改進,挑選出提升和改進目標可以利用的關鍵策略,再配置實施這個策略的相關資源,從而形成完成這個目標的工作計畫。

這對個人成長來說,有著很重要的借鑑意義。比如,打算創業,得清楚自己的創業初衷。大多數人創業,目的很簡單,就是不想幫別人打工,想自己當老闆,甚至覺得賺不賺錢都無所謂,只要不賠就好。這樣的創業者,沒有明確的目標,雖然懂得研究經商技巧,但是也只是走一步看一步。哪天做不下去了,會臨時改變主意,再次乖乖回去上班。

4. 分析問題產生的原因

從目標、行動計畫的制定,到執行,再到目標的達成,中間有多個環節。其中,在執行行動計畫的過程中,不但需要把握好一些細節,還要克服一些不可避免的障礙。如果目標合理,行動計畫也沒有問題,結果目標沒有達成,問題往往出在執行力上。衡量執行力強不強的一個重要標準就是克服障礙的能力。

第二章　底線思維：由下而上的基礎思維

　　在影響目標實現的障礙中，有相當一部分是可以預見的。提前分析這些「攔路虎」，不但可以提升執行力，也可以降低目標實現的難度。在這些可預見的障礙中，有80％是內在的障礙，比如不自信、專業能力差、悟性低等，有20％是外在障礙，如外部環境的變化、不可預知的問題等。在許多時候，不能正確分析、對待這些可預見的內在障礙，就會增加實現目標的難度，並可能帶給我們認知上的錯誤引導。

　　很多時候，我們都在強調「要努力」、「要奮鬥」，而很少會考慮：如何在付出同等努力的情況下得到更好的結果？其中，很重要的一點是，一定要學會運用底線思維，即從要確保實現的最基礎的目標出發，對資源進行合理規劃，對時間、精力進行科學分配，由下而上，層層遞進，最終實現最大的期望值。

上篇　有底線的思維才是好思維

第三章
底線思維：預設紅線的前瞻性

　　底線思維是一種前瞻性思維。它著眼於長遠，要求針對可能的潛在風險，盡可能將各種情況都考慮進去，做冷靜深入的分析，並在此基礎上，未雨綢繆，做好周全準備和防範。

圖之於未萌，慮之於未有

「圖之於未萌，慮之於未有」，出自唐代大臣柳澤寫給唐睿宗李旦的一封奏疏。該篇奏疏最早見於後晉劉昫等撰寫的《舊唐書‧柳亨傳》所附的〈柳澤傳〉。其大意是，在禍患還沒有萌發的時候要有所預見，在災禍沒有到來時要居安思危，未雨綢繆。

類似的表述在典籍中並不鮮見。比如，《老子》說：「為之於未有，治之於未亂。」《管子‧牧民》說：「唯有道者，能備患於未形也，故禍不萌。」這些先賢睿語都在強調，要在不良的跡象還沒有出現、災禍還沒有形成時就多加防範。其中既有居安思危的憂患意識，也有對未來做最壞打算的底線思維。在今天，它們依然具有重要的借鑑意義。

風險既包括內部的，也包括外部的。面對這些風險，正確的態度就是，「圖之於未萌，慮之於未有」。當然，「圖之於未萌，慮之於未有」只是一個態度、一種意識，對於不同性質的問題，所思慮和採取的防範對策應該是有所不同的。

底線思維對我們今天的生活、工作有著重要的意義。

1. 懷憂患之心，充分預估風險

現實生活中，如果一個人沒有憂患意識，對風險缺乏預判，經常會因為遭遇意外事件而狼狽不堪。比如，當擁有一份安穩的工作後，會覺得此生無憂，於是不思進取。可是當風險來臨時，卻發現自己根本沒有辦法應對。

四年前，一個年輕人進入一家效益不錯的企業工作。三年的時間，年輕人從普通職員晉升為部門小主管，春風得意。後來，受新冠疫情的影響，部門業績不佳，企業最後做出一個決定：裁掉這個部門。隨同這個部門被裁掉的還有這位年輕的主管。這讓年輕人有些措手不及，一時間迷茫了，不知道該何去何從。

其實，很多人都像這位主管一樣，雖然工作很努力、能力很強，但是缺少風險意識，不居安思危，不提前做準備，當風險真正到來時變得手足無措。事實上，不論是生活還是職場，抑或商界，很多事情都不會按照自己的預期發展，隨時會出現未知的風險。因此，一定要懷憂患之心，把風險預估得足一點。

2. 有大局意識，著眼長遠利益

如今，快節奏的生活讓人們心態發生了一些變化，做事急於求名，急於求利，急於求成，經常為了擺脫眼前的狀況，有

時甚至為了吃好、穿好、玩好，不擇手段，不顧廉恥，投機取巧，什麼人格、尊嚴、德行、操守、靈魂通通不要。結果呢？為了一時的痛快，付出了巨大的代價。事情往往是，越是急功近利的人，越難得到功利；越是不顧廉恥的人，越難得到快樂。文學家因為功利寫不出好作品，藝術家因為短視忽視了藝術和功底，運動員因為名利而屢屢違反紀律。

所以，做人做事要有長遠眼光，有大局意識，不要被一時的得失成敗所局限，既要看到成功路上的美好，亦要留心途中的荊棘，做好萬全準備，方能有備無患。

3. 要銳意進取，形成正向循環

有些時候，底線思維是衝那些最困難的問題去的。它要求我們，不單單要有挑戰困難的心理準備，還要有制敵良策，更要有打持久戰的意志決心。

做任何一件事情，當你認為「不可能」的時候，結果會怎麼樣？往往是放棄，或是勉強去做。而且在放棄之前，常會為自己找一些充足的理由。如此一來，就會形成這樣一種迴路：思想上認為「不可能」—— 行動上「放棄」—— 口頭上「找理由」。一旦這個迴路形成閉合，就會不斷地產生負向的回饋，進而形成負向循環。實際上，這是缺乏底線思維的反應。

第三章 底線思維：預設紅線的前瞻性

要銳意進取，必須要形成正向循環，必須要不斷產生「正回饋」，並形成合理的、正向的「迴路」。為此，必須要擁有理性的思維、正確的方法、正向的心態。

現實中，很多人在一個行業做不下去，或是認為之前的夢想不可靠了，便會習慣性地模仿別人，或是乾脆樹立一個新的夢想。如此反覆，幾次下來會發現：夢想變了又變，自己卻一直停在原地。大家都在找方法的時候，他卻在找理由，一進一退，一正一負，差距馬上就出來了。個人與個人之間的差距往往就是這麼來的。

不論你承不承認，這個時代都在加速變化。生活不斷變化、科技不斷變化、商業環境不斷變化、人們的社交方式不斷變化。你能想像到的東西都在變化，甚至它們原有的執行邏輯也正在發生顛覆性的變化。變化必然帶來風險，而應對風險的最好方式，就是提前設伏，就是「圖之於未萌，慮之於未有」，做好各種準備。如此，才能更好地掌控自己的生活與工作，而不至於被動地陷入徬徨與迷茫中。

如今，AI 時代就要來臨，如果你不居安思危，不「圖之於未萌，慮之於未有」，緊跟時代浪潮，必然早晚有一天會被 AI 所取代。

底線思維的預設路徑

底線思維是一種非常實用的思考方式，擁有這種思考方式的人會認真評估風險，估算可能出現的最壞情況，並努力做好相應的準備。缺少底線思維的人，常常因害怕面對未知風險，而遲遲不敢採取行動，或者根本缺乏這種底線意識，不作任何準備就貿然行動。

對個人來說，底線思維是一種意識、一種態度，對企業來說，可能是一項策略目標，也可能是一項財務指標。在這個瞬息萬變的時代，不確定性大大增加，要想有效應對各種不確定性，一定要預設自己的底線，做好周全準備。

底線思維的執行需要一個完整的路徑，主要包括5個環節，即承認底線、認知底線、尋找底線、明確底線、堅守底線。

1. 承認底線

承認底線是堅持底線思維的基本前提。首先，要承認底線是真實存在的。任何事物都有其特定的下限尺度。下限尺度是事物所能承載的變化限度，超過這個特定的尺度，事物就不是之前的事物了。事物衰退的尺度邊界，即為底線。所以說，底線具有不以人的意志為轉移的客觀性。

第三章 底線思維：預設紅線的前瞻性

當然，底線不僅指客觀事物的底線，也包括人們行為的底線。每個人都嚮往無拘無束的生活，但是無拘無束是理想化的，事實上，真正的無拘無束是不現實的，同時也是危險的。現實生活中，我們會受到各種約束，如道德、法律、紀律、能力、思維、社會關係等的約束。如果我們突破它們的束縛，踰越它們限定的範圍，或行為超過一定的限度，自由必然被剝奪，其中的「範圍」、「限度」就是底線。

總之，承認底線，是規劃行動方案、制定防範對策和行動的起點。

2. 認知底線

我們知道，底線思維的內涵是：從最壞處著眼，作周全準備，朝最好的方向努力，爭取最好的結果。具體來說，它有這麼幾層含義：

第一，底線是區分不同事物或事物不同發展階段的臨界線。每一個事物的存在和發展都存在「本質特性」，這也是區分某事物與其他事物的重要標誌。一旦「本質特性」受到衝擊出現衰變或反轉，便衝破了底線，某物變他物了。

第二，底線是劃定最低目標的邊界線。在生活與工作中，我們要制定各種目標，如最低目標、中期目標、最高目標等，

053

其中，最低目標就是做事的底線，它是實現中期目標和最高目標的基礎。

第三，底線是區分可為與不可為之間的警戒線。在社會活動中，每個人都必須有規則意識，也就是要遵循自然規律和社會規範，一旦踰越，就要承擔相應的不利後果。為了避免這種不利後果的出現，一定要明確可為與不可為之間的界限，也就是清楚底線所在。

3. 尋找底線

底線思維執行的具體過程是從尋找和確認底線開始的。現實中，每一個事物都有其固有的不能突破的底線，那麼這個底線究竟在哪裡？不同的事物，底線往往是不同的，沒有統一的標準，需要具體情況具體分析，這就涉及尋找底線的問題。在調查研究過程中，要把握好幾個核心要點：一是深入事物的核心本質，全方位、多層次、多管道了解事物發展的真實情況；二是深入實際，不淺嘗輒止，腳踏實地追根溯源；三是聚焦微觀，不遺漏點滴，在做細做實上下功夫。

其次，找到事物變化的臨界線。底線本身就是一種是非的分界線。通常，可以從以下幾方面去尋找：

一是著眼於事物存在的本質。深入事物的本質，分析維繫

事物存在的根本依託和主要矛盾，確立探尋底線的方向。

二是著眼於事物發展的方向。事物發展是一個由若干關鍵節點和階段性目標連線而成的連續過程。每一個關鍵節點上的變化都會對事物的發展產生影響，因此要多關注關鍵節點和階段目標，以幫助找尋事物底線。

三是著眼於行為對事物的發展產生的影響。人的行為既可能對事物發展產生推動作用，也可能在一定程度上引發或加劇風險，阻礙事物發展。關注這些影響，並藉助這些影響找尋事物發生改變的臨界點，進而探尋事物的底線。

最後，對底線進行辨別和確認。有時候，底線很容易找到，甚至不用刻意探尋。但是為了準確起見，需要對其進行辨別和驗證。通常，底線需要一個反覆認知的過程，因而就更加需要認真核準和確認。

4. 明確底線

在找到底線後，要把它們明確一下。事實證明，我們之所以經常突破一些底線，一個重要原因是放鬆了警覺。

為了提升堅守底線的自覺性，我們要明確地劃出三種底線：

第一種，要劃出原則底線。原則底線，是人們根據重大風險對事物造成或即將造成衝擊而建構的思維界限。在平時，劃

出原則底線，要求自己準確辨識風險、精準辨識風險對事物衝擊的主要方面，以此釐清安全與危險之間的思維界限。

第二種，要劃出目標底線。在充分考慮客觀條件、預判風險挑戰的基礎上，建構最低與最高相呼應的目標體系。在這個目標體系中，最低目標就是目標底線，它是實現確保目標體系的基礎和階梯。

第三種，要劃出行為底線。在可為與不可為之間要明確界限，以形成懂法紀、明規矩，知敬畏、存戒懼，築牢不可觸碰的底線意識。

5. 堅守底線

為了更好地堅守底線，可以根據實際情況規劃行動方案、制定防範對策。如，謹言慎行、恪守自律、摒棄欲望、增強意志、修養操行，嚴格按章辦事，不妄自尊大、不肆意妄為等。只有守住底線，我們才能正常生活於天地之間。

綜上所述，預設底線不是簡單地明確做什麼、不做什麼，而需要建構一個完整的思維路徑，如此，才能將自己「約束」在正確的軌道上，降低偏離軌道的可能性，並逐漸將「受控行為」轉化為「自動行為」。

跳出舒適區，直面隱患

傳統的憂患意識由來已久，在殷周時期，哲人們就有了憂患意識，表現為對人生和宇宙命運的關注。《繫辭傳》中有這樣的表述：「危者，安其位者也；亡者，保其存者也；亂者，有其治者也。是故君子安而不忘危，存而不忘亡，治而不忘亂，是以身安而國家可保也。」實際上，這是一種典型的憂患底線思維。

善用憂患底線思維是先哲的大智慧。「不以規矩不能成方圓」、「隨心所欲不踰矩」、「居安思危」、「生於憂患死於安樂」、「置之死地而後生」、「杞人憂天」等，都體現了底線思維。其中，杞人憂天更是折射出憂患底線思維的本質。杞人的憂天其實是憂人，他在嚴肅而認真地思考：如果哪天天塌了，人該怎麼辦？人應該怎樣立於天地之間？杞人憂天是真正的憂患意識，是徹底的底線思維，這是從最壞處著想爭取主動權的範例。從這個角度看，憂天的杞人是大智者。

「人無遠慮，必有近憂」給我們的啟示是，人要有憂患意識，不要鼠目寸光，把目光只盯在眼前，盯在既得利益上，要想一想後面的事情，想一想將來可能發生的事情。

歷史上有很多這方面的典故，比如「曲突徙薪」。故事是這樣的：

上篇　有底線的思維才是好思維

一天,一位客人看到主人家廚灶上砌的是直煙囪,旁邊還有柴火,便勸其「更為曲突,遠徙其薪」,以避免火患。主人「嘿然不應」。結果失了火,幸好鄰居跑來幫著滅火,才沒有把房子燒了。為了感謝鄰居,主人「殺牛置酒,謝其鄰人」,卻沒有邀請那位客人。有人為那位客人抱不平,說:「明明可以消除火患,卻不去行動,現在救火論功請客,而那個建議將煙囪改彎、把柴草移走的人卻沒有被邀請,而只款待救火的人,實屬不應該啊!」主人聽後幡然悔悟。

憂患型底線思維,就是事先設想可能會出現哪些最壞的結果,為了避免這些壞結果的出現,提前主動採取防範措施,以盡可能減少損失,獲得最好的結果。

試想,如果一個人吃飽喝足,整天都在想一些快樂的事,而對一些潛在的各種問題視而不見,那麼他的這種快樂又能持續多久呢?

現實中,該如何運用憂患底線思維,助力我們的事業與人生呢?很重要的一點,就是要勇敢跳出思維的舒適區,摒棄「小滿即安」的思想,凡事既往好的方面去想,也往不好的方面去想,兩手準備,不怕困難,積極迎接各種挑戰。

舒適區,是一個心理學概念,是一種能在生理或心理上感到自在的有限範圍。

想一想,我們為什麼偶爾會出現緊張和不安?原因很簡單,

第三章　底線思維：預設紅線的前瞻性

自己被迫離開了舒適區。在現實中，每一個人從心底裡是不願意跳出現有舒適區的。他們可能會問：「待在心理舒適區有什麼錯嗎，為什麼一定要跳出來？」不可否認，在舒適區裡，可以保持放鬆、舒服的狀態。但是，在瞬息萬變的當今社會，絕大多數人不可能一直生活在舒適區。

不少人都有這樣的經驗：在朋友面前，在自己的下屬面前，自己說什麼，大家都「願意聽」，說話也鮮有顧忌。如果在一個陌生的場合，在你沒有絲毫準備的情況下，有人突然把你「揪」出來，說「讓王總為大家講幾句話」，這時，有多雙眼睛盯著你，你還能張口就來嗎？雖然你還是你，口吐蓮花的水準也依舊在，但是此時，你可能會有些拘謹，說話放不開，甚至巴不得有人遞給你一份演講稿。

反差為什麼如此之大？

因為環境發生了改變。一個在舒適區，一個在非舒適區。當一個人面對熟悉的環境、熟悉的朋友，並對身邊的事物有一定的掌控力的情況下，他幾乎不會產生焦慮。相反，當面對的環境、人完全變了，他會因此感到焦慮，並進而影響到很多方面的發揮。

「凡事豫則立，不豫則廢」，平時就要有意挑戰自己，讓自己勇於跳出「舒適區」，在各方面錘鍊自己，這樣就能有效提高遇事不慌，從容應對的能力。

1. 不斷突破自己設定的界限

每個人對未知的事情都有一種莫名的恐懼，因此為了不讓自己受到傷害，常常不去觸碰自己不了解的人或不熟悉的事，久而久之自己的領域就涇渭分明。但是這不是我們自我設限的理由。故步自封不是人生最好的狀態，舒適區也不是世外桃源。只有不斷勇於突破自我，做出更多的嘗試，才能更好地適應新的環境。要知道，人生最好的狀態，不是在狹小的空間裡孤芳自賞，而是在無限可能中自由行走。

2. 在適應的基礎上不斷改變

在今天智慧化的時代，我們所處的環境瞬息萬變。一個人如果長時間處在安逸的環境中，對成長非常不利。正如孟子所說：「生於憂患，死於安樂。」只有嘗試跳出自己的舒適區，在不斷適應的基礎上不斷做出改變，才能實現自我的成長，才能遇到更好的自己。

3. 嘗試站在舒適區的邊緣

100多年前，心理學家羅伯特・耶基斯（Robert M. Yerkes）和約翰・多德森（John Dodson）透過實驗發現，焦慮程度和表現

第三章 底線思維：預設紅線的前瞻性

程度的關係呈倒 U 形。在實驗中，當老鼠的焦慮程度很低時，表現程度也很低；當牠們受到刺激，焦慮不斷增加時，表現會越來越好；在某個特定的焦慮程度上，老鼠會有最佳的表現。如果超過這個焦慮程度，老鼠的表現會越來越差。

研究者將能夠激發出最佳表現的焦慮程度稱為「最佳焦慮」。它是一種有效率的、讓人充滿創造力的不適狀態。與焦慮程度較低的舒適區相對應，將處在最佳焦慮的狀態稱作「最佳表現區」，而將焦慮過大的狀態稱作「危險區」。可見，不論是過於舒適，還是過於冒險，都不利於激發人的創造力。

因此，我們既不要完全退縮在舒適區裡，也不可過於冒進，可以嘗試站在舒適區的邊緣，讓自己一直維持「最佳焦慮」。這樣，就會不斷擴大現有舒適區，進而實現持續的成長。當然，每個人對於壓力的承受能力不同，應對壓力的方式也不同，所以，最佳焦慮程度會因人而異。

綜上所述，跳出「舒適區」，既是居安思危的底線思維，也是化挑戰為機遇的辯證思維。它考驗的是一個人在關鍵時刻做出抉擇的勇氣和擔當，以及抵禦風險的能力。

底線思維提醒我們看問題要全面，要勇於從問題中跳出來，去審視問題背後潛藏的隱患，並提前做好防範各種危機的準備。

上篇　有底線的思維才是好思維

第四章
底線思維：融入社會的防範策略

　　底線思維包含「從何處著眼」、「做什麼樣的準備」、「如何努力和爭取」三個相互連結的方面，是「知」與「行」、「據守」與「有為」的有機結合，有一定的防範風險的功能，可以提供在社會上行走的你我一份安全保障。

上篇　有底線的思維才是好思維

未行軍先行敗路

　　生活很真實，很現實，也很殘酷。不論是誰，做任何事，都不可能事事順心、次次成功。有很多事情是無法預料的，有些事「人算不如天算」。那些看起來很風光、做事很成功的人，他們為人處世有一個共同點，那就是具備防範性思維。

　　簡單來說，就是他們在做一件事情時，通常先透澈分析各種不利因素，並努力做好遭遇失敗的各項準備，這樣，即便有不好的事情發生，也不至於倉皇無措。這也是兵法上常說的「未行軍先行敗路」。

　　「未行軍先行敗路」出自《戰國策・秦策五》。「未行軍」指還沒有開始行動，「先行敗路」指已經規劃好了失敗的路線。這與我們今天所說的「居安思危」、「未雨綢繆」的底線思維不謀而合。具體應用時，要先客觀分析情況，然後找出最低界限，設定最低目標，同時注重堵塞漏洞，防範潛在危機。用一句話說，就是立足最壞情況，爭取最好結果。

　　來看一個生活中的例子。

　　有一次，某公司要舉辦兩場不同主題的會議，甲和乙兩個部門主管負責此事。甲和乙經過一番研究，最終選擇了同一家飯店，但是所選的房間不同。

第四章　底線思維：融入社會的防範策略

結果，會議前幾天，他們都接到了飯店工作人員打來的電話，告知「飯店照明電路出現問題，正在搶修，但是不會耽誤幾天後的會議。」甲接到消息後，意識到「這是一個不能忽視的問題」、「萬一到時修不好呢？」於是，在跟進飯店搶修過程的同時，聯繫了其他兩家可以預訂的飯店。而乙聽說不會耽誤幾天後的會議，便沒有在意。

在開會的前一天，飯店工作人員再次打電話告知，照明電路還沒有修好。由於甲手握 B 計畫，因而臨危不亂，而乙到此時才意識到問題的嚴重性，於是匆忙聯繫其他飯店。

在這個故事中，甲運用「未行軍先行敗路」的底線思維，避免了一場意外「事故」。平時，甲就是一個善於多角度思考的人，做事注重安全邊際，習慣凡事為自己留有迴旋的餘地——先想辦法讓自己立於不敗之地，然後再求進取。

《孫子兵法》曰：「故善戰者，立於不敗之地，而不失敵之敗也。是故勝兵先勝而後求戰，敗兵先戰而後求勝。」什麼意思呢？通俗地講，意思是：不是必勝的仗不去打，沒有把握的事不去做。常勝將軍之所以經常打勝仗，並不是因為多麼能打，而是從不打沒有把握的仗，只有勝券在握時，才會出戰。

三國時期，有一次，諸葛亮帶領 10 萬蜀兵進攻魏國。魏國的主將司馬懿清楚諸葛亮的厲害，不想與他正面交戰。司馬懿經過分析，得出一個結論：諸葛亮千里迢迢率軍進攻，糧草

上篇　有底線的思維才是好思維

供應是客觀存在的一個難題，畢竟 10 萬人馬每天要消耗大量糧草。自己占據城池，有大後方供應糧草，且城牆較高，很難被攻破。於是，他採取了死守策略。無論諸葛亮怎麼刺激，就是拒絕出戰，以不變應萬變。諸葛亮急得團團轉，卻沒有好的辦法。

在這個故事中，老謀深算的司馬懿使用的這招，正是《孫子兵法》中先讓自己立於不敗之地的戰法。

進一步剖析「未行軍先行敗路」，會發現它強調的另一個要點是，在「失敗思維」的基礎上，還要知道「敗」在哪裡，只有知道可能「敗」在哪裡，才能做好防範。不難明白，如果我們知道自己會敗在哪裡，那我們永遠不會去那個地方，或者說，如果我們清楚用某種方式做事一定會失敗，我們肯定會避免採用該方式。

試想，如果我們事先沒有想到會「敗在哪裡」，或不清楚用某種方式做事會產生怎樣的效果，那我們還會刻意去避免嗎？當然不會！因為我們的意識裡沒有「先行敗路」的底線思維，而是一味想著如何贏，以及贏後的美好時光。

西元前 200 年，西漢剛建立，國力還比較弱，但是漢高祖劉邦攻打匈奴心切。一次，他不顧前哨探軍劉敬的勸解阻攔，輕敵冒進，結果中了匈奴誘兵之計，被圍困於平城白登山。這一困就是七天七夜，讓劉邦苦不堪言。為什麼會出現這樣糟糕

第四章　底線思維：融入社會的防範策略

的局面？一個重要的原因就是沒有「未行軍先行敗路」，違背了「先勝而後戰」的原則。

曹操明知北方的士兵不習水性，卻強行用鐵鎖連船渡江，結果呢？給了周瑜火燒連環船的機會，曹軍因此大敗，死傷無數。如果「先行敗路」，做好萬一失敗的周全準備，何至於輸得這麼慘，這麼狼狽不堪！

生活中，類似的情況比比皆是。以炒股為例。很多人一頭栽進股市，想得最多的就是「如何才能賺它20個點」，而沒有考慮糟糕的情況。結果，剛進去就賠了5個點。要加倉，還是割肉止損？心中根本沒有底。帶著這種想法去炒股，永遠不知什麼叫適可而止，賺了總想賺更多，賠了總想透過補倉來壓低成本，以求盡快回本。結果，被越套越牢。那些被深度套牢的股民，大多都是用這種想法玩股票的，根本沒有「未行軍先行敗路」的思維。

在工作中，我們也可以運用「先行敗路」的思維來為自己保駕護航，只有先讓自己長時間立於不敗之地，才有可能最終獲得滿意的結果。尤其是一些重要的活動，一定不能搞砸。因此，在工作過程中，要多運用「先行敗路」的底線思維，著眼未來，防患未然，很多時候，你不犯錯，事情就成功了一半。長久來看，只要降低失誤率就是成功，就是贏家。

上篇　有底線的思維才是好思維

用底線思維化險為夷

人生路猶如一條陌生的山路，哪裡有坑，哪裡有荊棘，自己往往不會太清楚。要想在人生這條路上走穩、走快，一定要樹立起底線思維，盡可能規避風險或者不利因素。

很多人在遇到看似難以解決的問題時，常常自暴自棄，甚至徹底放棄努力。其實，這是一種沒有底線的行為。放棄，意味著即便有一天機會真的來臨，也會與其失之交臂。有的人在名利面前毫無底線，斂財不擇手段，雖然可能一時風光，卻會由此輸了整個人生。有的人做人做事不講原則，沒有立場，如牆頭草，看似安穩，實則有極大的風險。

從安全的角度來看，底線思維是風險管理的界限，更是安全邊際線。只有在各方面為自己劃出對應的底線，才能將自己框定在一個安全的「區域」內。

在現實生活中，我們該如何用底線思維來化解各種風險呢？可以從以下幾個方面著手：

1. 不踩法律紅線

不論是個人還是團體，都要把自身的行為框定在法律、法規允許的範圍內。如果某種行為觸碰法律紅線，即便再有利可

圖也不能做。經常有人在暴利的驅使下，做一些欺騙或是違法亂紀的事情，這就是突破了底線，踩了法律紅線，輕則名利受損，重則遭遇牢獄之災，有的甚至會賠上性命。因此生活中，一定要緊握法律的戒尺，規範好個人言行，知道什麼事能做、什麼事不能做，不要心存僥倖，去觸碰法律的紅線，或是打法律的擦邊球。

2. 守住道德底線

道德底線是指做人不可踰越的最低道德界限，是規範人的言行的最低道德要求。做人必須要有道德底線。一個人如果沒有道德底線，什麼壞事都敢做，肆意違背公序良俗，最終必然毀了自身。

日常生活中，要守好兩條道德底線：一是不要損人利己。你可以「只掃門前雪」，但是不能把雪堆在他人家門口。二是不要損公肥私。你可以不「錦上添花」，但是不能把公園的花摘回家。除此之外，還要多做善事。《易經》中說：「善不積不足以成名，惡不積不足以滅身。」多做善事，自然有好報，但是行好事，莫問前程。

3. 守好「常理」底線

社會是一個龐大的體系，有著形形色色的人和五花八門的事物，十分龐雜，對一些常理性的知識，一定要了解和掌握，要不然很容易被矇騙。稍懂些物理學的人都知道，能量是守恆的。如果汽車跑一百公里需要消耗 10 公升汽油，透過技術改進等措施，可以讓消耗降低至 8 公升、7 公升，這是可能實現的。但是如果有人告訴你：

「我現在有一種技術，可以讓汽車每百公里只耗油 0.1 公升。」你要不要相信？如果不是混合動力車，就我們現在的科技水準，這種說法自然是不可信的。

再比如，有人曾提出一個大膽的設想：根據物理與化學的某些原理，可以只為汽車加水，就讓汽車跑個不停。為什麼？因為水可以分解成氫與氧，而氫與氧又可以發生化學反應，並釋放出能量，這些能量可以為發動機提供動力。從純理論的角度看，似乎沒有什麼毛病。但是，要把它變成現實，就不得不考慮一個定律：能量守恆定律。顯然，它違背了這個定律。所以，這種「水變油」的做法只能是一廂情願的美好幻想，但是有些人還是會信以為真。究其原因，是對一些基本的常識缺乏認知。

類似的騙局在商業活動中較為常見，如很多人聽信「暴利傳

說」，借錢給別人，透過「擊鼓傳花」，最終可獲得高額收益。結果，不但高額收益不見影，本金也是「肉包子打狗，一去不回」。

4. 守好「邏輯」底線

任何事情都有其內在的邏輯。沒有無緣無故的成功，也沒有無緣無故的失敗。不論做什麼事，都要把握好其中的邏輯。以投資為例，投資某項目前，一定要弄清楚你要投資的項目是如何賺錢、如何營運的。如果不清楚其中的賺錢邏輯就盲目投資，其中的風險可想而知。

5. 守好「能力」底線

誰都希望自己是人生的贏家，但是一個人的能力畢竟是有限的，不可能什麼事情都會。因此，一定要對自己的能力有一個清醒的認知。很多時候，我們遭遇職業風險、投資風險，甚至是人際風險，一個重要的原因就是高估了自己的能力。就如《紅樓夢》中所說：「本身就是丫鬟的命，就不用去操主子的心。」高估自己，容易眼高手低，無形中會加大做人做事的風險。因此，一定要清楚自己的能力底線，並守好這條線。

6. 考慮「最壞」的結果

不論做什麼事，事先都要預想一下最糟糕的結果是什麼，以及自己是否有能力承受。如果不能承受，那就要謹慎行事。畢竟，沒有什麼事情是萬無一失的。比如，你不想打工，一心想創業當老闆，那麼在創業之前，一定要考慮清楚：一旦創業失敗，自己是否能夠坦然面對。再如，有人投資買房、炒股，在追求高回報的同時亦要考慮：如果投資失敗，自己是否能承受相應的後果。

如果連最糟糕的結果都可以承受，那麼說明是有底線的，否則，就是在賭，賭贏了是傳奇故事，賭輸了，就可能是「事故」了。有的人舉債投資，結果血本無歸，他們輸掉的可能不只是錢，還有自己的事業、家庭、朋友、前途，甚至是健康。所以，為了有效控制風險，做事前一定要考慮到「最壞」的結果，並給出有針對性的應對方案。

綜上所述，凡事都要堅持底線思維，特別是那些剛畢業即將走入社會的年輕人，更要具備底線意識，守好各種底線，充分思考風險機率、程度，對可能出現的風險進行多角度、多方位分析，並基於最壞的可能性去設計相應的辨識、研判和應對方案，掌握主動權，提高應對風險的能力。

用底線思維應對機率風險

如果某個事件在一定時間段內發生的機率很小，可以稱其為小機率事件。小機率事件並非零機率事件。長期來看，只要具備相關因素和條件，小機率事件就可能會發生。小機率事件具有偶發性，但是它一旦發生，也可能會造成大影響。

怎麼辦？可以用大機率思維來應對。用底線思維、統計學思維來分析事物發展趨勢中的偶然性，找到必然性與多種隨機現象之間的連繫，進而做好對最壞可能性的預防，這就是大機率思維。不能孤立、靜止地看待小機率事件，不能因為其發生的可能性小就放鬆對其的監測、預警和防範。

比如，手臂上長了一個水泡，在家裡，可能影響很小，甚至可以忽略不計。但是如果在野外，比如山野或戈壁、荒漠，則需要引起重視，因為這個水泡有引起其他疾病的可能，甚至會危及生命。同樣一個水泡，在家中和野外造成的後果可能完全不同。因為在荒郊野外，無法及時得到醫治，各種不確定的因素會讓不起眼的小風險成倍放大，並引起一串連鎖反應。

任何一種風險，都是危險情況發生的機率和後果的結合。要避免風險，必須要重視危險情況發生的機率，即便是小機率也要給予足夠重視。在安全管理行業，有一種「骨牌效應」的說法。一次不當的操作或輕微失誤，都有可能成為觸發後續一連

串嚴重後果的第一張牌,進而影響或決定成敗。因此,必須要規範操作,這是絕對不能踩的紅線。從這個意義上說,底線思維才是防控風險的最佳「護城河」。

平時,用底線思維應對小機率事件時,需要做好下列四個方面:

1. 沒有百分百把握,不要押上全部

平時,在做一些選擇時,很多人喜歡賭。他們普遍相信壞事不會降臨到自己身上。其實,這種做法風險極大。如果用機率論來「計算」這個世界,我們會發現,自己做的任何事情,其結果是否符合預期,都是有一定機率的,而不是百分之百的。從這個角度看,底線思維就是:除非有百分之百贏的機會,否則就不要押上全部的「賭注」。沒有這種底線思維,你很可能永遠沒有機會再上「賭桌」。

生活中,有很多類似的例子。比如,有不少家庭主婦借錢做一些產品的代理,說白了就是想方設法發展多層次傳銷。她們不清楚背後的騙人邏輯,幻想有朝一日可以做到更高的等級,從而躺著賺錢。殊不知,這只是一個美麗的夢。當她們為此開始四處借錢時,其實就已經陷入了一場不能自拔的賭局。

再比如,在房價一路高漲的前幾年,很多人就想:「如果多

買幾套房,豈不是賺瘋了。還用得著辛苦工作嘛!」於是,他們四處借錢,和朋友借、和親戚借、和銀行借⋯⋯結果,房價並沒有像他們想的那樣一路高歌,加之疫情的影響,他們面臨斷供的局面,於是,他們或者不得不斷供,或者忍痛低價賣房,結果損失慘重。

現實生活中,即使真的有百分之百能贏的事,你能押上的「全部」,也只是相對的。比如,我們要把全部的精力投入到學習與工作中,顯然,我們不可能一天 24 小時都在工作或學習,因為要吃飯、要睡覺。更何況,如果真的一天 24 小時投入,恐怕身體很快就會垮掉,原本花時間學習、工作是好事,現在由於用力過猛,反而壞了事情。所以,底線是一定要有的。

2. 學會用機率思維做選擇

當我們利用底線思維去抉擇時,可以先列出所有的選項,和每一個選項所對應的結果,以及不同結果出現的機率,然後從中找出一種最壞的情況,看自己是否能夠接受。

比如,有 A 和 B 兩個選項:如果選擇了 A,未來不一定會得到 a,但是一定會失去 b;如果選擇了 B,未來不一定會得到 b,但是肯定會失去 a。這個時候,你就要權衡利弊了。

再如,你想投資理財。現在有兩隻基金:一隻是債券型,

一隻是股票型。債券型的年回報率為 5% 左右，股票型的年回報率為 50%，那你是不是一定要投資股票型的？因為它的回報率高。但是你要知道，投資和收益是正相關的。看到收益的同時，也一定要看到風險。有機會賺 50%，也就有機會賠掉 50%，收益與風險基本是對等的。所以，在選擇的時候要綜合考慮，最後選擇一種既穩妥，收益率又盡可能高的理財產品。這即是底線思維的一種運用。

3. 晴天修屋頂，順境做規劃

在應對小機率風險的過程中，要增強自身風險意識。不僅要關注眼前的利益和常規問題，還要保持對小機率風險的敏感和警覺。這有助於及時發現和處理潛在風險。

每個人的底線思維不同，擁有的抗風險能力也不同。底線思維缺乏的人，習慣按經驗辦事，容易忽略存在的小機率風險。底線思維意識強的人，會盡可能考慮到每一個風險點，並作好防範措施，不會等到小機率的風險真正發生時，才去想如何補救。

4. 進行清單式管理

清單式管理是指標對某項工作或任務，制定一份詳細的清單，以幫助執行者全面、系統性地了解和掌握相關的知識和技

能，從而更好地完成工作或任務。底線思維是基於對最壞情況的假設或預判，制定相應的應對措施和底線要求，以保障任務或工作的完成品質或效果。

清單式管理和底線思維可以結合使用，互為補充。清單式管理可以幫助執行者全面了解和掌握相關的知識和技能，提高任務或工作的完成品質和效果。而底線思維則可以幫助執行者制定相應的應對措施和底線要求，保障任務或工作的完成品質或效果。

尤其是在安全生產領域，清單式管理和底線思維更要結合使用。例如，在制定安全生產責任制度時，要制定相應的責任清單和任務清單，明確每個人的職責和任務。同時，也要制定相應的底線要求，如必須遵守的安全操作規程、必須配備的應急設備等，以確保安全生產工作的品質和效果。

在日常生活中，清單式管理也是一種有效的守底線防風險的方法。清單，原本是指詳細登記有關項目的單子。在具體運用這種方法時，「有關項目」就是做好一件事情的原則底線和關鍵點。這樣，我們就能明確自己工作和生活的重心，進而樹立「要事第一」的標準。

總之，底線思維是一種「凡事從壞處準備，努力爭取最好結果」的思維方法，它可以很好地控制風險、降低風險、應對風險，保障個人或組織穩定發展。

上篇　有底線的思維才是好思維

第五章
底線思維：靈活的權變策略

　　底線思維是謀求主動、積極的權變性思維。它要弄清楚底線在哪裡、超越底線的危害是什麼，以及如何遵循客觀規律、如何發揮主觀能動性，進而如何獲取較大自由發展空間。

備豫不虞，為國常道

人生之路不可能一帆風順，難免會面臨一些挑戰和困難。在挑戰面前，一味退縮不前，只會貽誤戰機；而盲目樂觀，則常會遭遇打擊。只有堅持底線思維，居安思危、未雨綢繆，把形勢想得更複雜一點，把挑戰想得更嚴峻一些，才能激發鬥志，積極主動想辦法，贏得先機，把握主動。

唐代的《貞觀政要・納諫》中說：「備豫不虞，為國常道。」其中，豫同「預」，虞為預測之意，為代表治理。「備豫」，即事先防備，「不虞」就是意料不到（的事物）。這句話的意思是：提前防備意外之事，是治理國家的常道。一個國家要想長治久安，就一定要在平時做好各種防範工作，以免在遭遇災害、戰亂時無法應對，危及國家、民族的存亡。

在古代兵法中，「備豫不虞」被視為立於不敗之地的法寶。《孫子兵法》說：「用兵之法，無恃其不來，恃吾有以待也；無恃其不攻，恃吾有所不可攻也。」意思就是：要克敵致勝，要先勝、全勝或不戰而勝，不能寄託於別人不來攻擊，而是要依靠自己充分的防範。《墨子》中說：「備者，國之重也。」意思是：預先謀劃籌備，是執政者的重要工作。

「備豫不虞」是古人長期積澱的深邃智慧。「備豫不虞，為國常道」雖然出現在唐代，但是早在春秋時期，就已經有了類似的

第五章　底線思維：靈活的權變策略

表述。《左傳》有言：「備豫不虞，古之善教也。」意思是說，提前做好準備，就沒有憂慮，這是古代的好的教訓。體現了寫作者的底線思維：估算可能出現的最壞情況，並作好應對之策，才可能讓自己免受傷害。

看下面這個例子：

魯國正卿季文子即將出使晉國，他先派隨從向人請教：出使期間，如果晉國發生國喪，應該用怎樣的禮節。當時沒有出現這種情況，隨從很不理解。但是季文子認為，做了準備而沒有發生並沒關係，如果出現了再臨時請教就來不及了。

事情真如季文子所說，在他們出使晉國期間，無巧不巧，晉襄公崩殂了。雖然突遭晉國國喪，但是因為事先做了充分準備，所以在禮節方面做得沒有紕漏，順利完成了出使任務。

很多時候，現實往往沒有我們想像的那麼美好，早在幾千年前，古人就已經告訴了我們一個道理：人生不如意之事常十之八九。要應對這些「不如意之事」，首先你得想到它們，然後才能找到化解之策。可見，「備豫不虞」體現的是一種憂患意識，它讓人心存敬畏，提醒人們總是謹慎小心、提高警惕。同時，它反映出的也是一種精神、一種能力。

很多人一聽說「要往壞處想」，便會產生疑問：不是說做人要樂觀，要豁達嗎？為什麼要把結果想得那麼糟糕？要始終相信美好的事物一定會出現在自己的生命中有錯嗎？對這些問題

上篇　有底線的思維才是好思維

不能一概而論，要辯證地看待。

心理學家加布里埃爾‧厄廷根（Gabriele Oettingen）教授用 20 多年的研究和實踐提出了著名的 WOOP 思維。其中，W（Wish 的縮寫）是願望，O（Outcome 的縮寫）是結果，O（Obstacle 的縮寫）是障礙，P（Plan 的縮寫）是計畫。WOOP 思維代表的核心思想是：凡事要往壞處想，而且越壞越好！

為什麼這麼說呢？如果你總是把某一件事的預期想像得很美好，而忽視了事情潛在的困難和陷阱，這是非常危險的，也是極為不成熟的思考方式。

古今中外，有非常多的名言警句，都傳遞著對待生活要保持正向樂觀心態的觀點。它們有一個共同點，就是要著眼於事物美好的一面，在逆境中亦要保持樂觀心態。這種正向樂觀的心態，被稱為「健康心態」。

但是，只要正向樂觀就能實現美好願景嗎？顯然不能。準確地說，只有在兩種情況下，保持正向樂觀心態，確實可能為人帶來幸福美好的前景：一是人們內心的潛在需求，被正向樂觀的未來前景喚醒了，並由此找到了人生的意義和目標，激發了人們實現夢想的行動力，最終實現了夢想；二是在極端絕望的困境中，樂觀心態能作為一種心理應急機制，幫助人撐過那段痛苦絕望的時期。

當有些事情超出我們的控制範圍時，它產生的副作用也比

第五章 底線思維：靈活的權變策略

較明顯。比如，很多人都有期待和夢想，都有年度計畫，但是隨著時間的流逝，很多期待、夢想仍只停留在計畫階段，並沒有變成現實，或者只實現了一小部分就因各種原因放棄了。

加布里埃爾・厄廷根將這種「只計畫不行動」的期待稱為樂觀幻想。

為什麼會出現這種只計畫不行動的樂觀幻想呢？他做過一次測試：

他邀請一百多位女生，參與了一個關於高跟鞋的幻想。對女生來說，高跟鞋讓人是又愛又恨，穿上高跟鞋後可以展現女性優美的身材曲線，與此同時，穿高跟鞋會帶給身體一些不適，這也是很多女性不願意穿高跟鞋的原因。所以，他將參與測試的人分為兩個小組：一個小組的女性只想像自己穿上高跟鞋的樣子，並不真的穿上高跟鞋，而另一組的女性則會穿上高跟鞋。測試結束後，第一組的女性會沉浸在美好的想像中，而第二組的女性會回憶高跟鞋帶來的痛苦。

為什麼會出現這種情況呢？

因為只進行樂觀想像的女生，她們在潛意識中已經完成了穿高跟鞋、變美麗的願望，她們誤以為自己的願望已經實現了，因此大腦指揮身體開始放鬆，不必再做行動的準備工作。簡單來說，就是身體被大腦欺騙了。

樂觀幻想在短時間內可以緩解消沉的情緒，但是時間久

上篇　有底線的思維才是好思維

了，由於沒有採取行動去獲得真正的成功，現實和理想的差距越來越大，負向的情緒會再次襲來並變得嚴重。而且，沉溺幻想會讓我們在蒐集資訊時，刻意多關注正面資訊，而忽視負面的警告。不知不覺，我們就會對即將發生的事毫無心理準備。

因此，加布里埃爾‧厄廷根認為，所謂的樂觀主義態度，更多的是樂觀幻想，會讓人從心理到生理層面，都缺乏行動的動力，讓夢想離自己越來越遠。顯然，我們需要的並不是這種虛假的心理安慰。它會降低我們對困難的敏感度和心理預期，失去憂患意識，不利於樹立底線思維。

有的人在遇到精神打擊時，一時身心難以承受，甚至很長時間走不出來，就是因為之前沒有心理預期。如果他們對最壞的局面有預期，並想到補救的辦法，就不至於傷得太深。想一想，那些因為炒股賠錢動不動就跳樓的、動不動為情自殺的，無一不是將「結果」想像得過於美好，而一時無法面對最壞的情況。

做人做事如此，做企業也不例外。

有家高科技企業，從創立之初至今，它經歷了許多驚心動魄的時刻，度過了很多艱難歲月。每一次的挫折都只會讓它變得更成熟、更強大。

某天下午，這家企業的創始人在演講中說道：「未來十年，應該是一個非常痛苦的歷史時期，全球經濟會持續衰退。現在

由於戰爭的影響等原因,全球經濟在未來三五年很難好轉。我們企業要把對未來過於樂觀的預期情緒降下來,未來三年,一定要把『活下來』作為主要的綱領,並傳遞『寒氣』給每個人。」

這些話體現了這位創始人的底線思維——在全球經濟將面臨衰退的情況下,需改變思路和經營方針,從追求規模轉向追求利潤和現金流,以保證度過未來三年的危機。

雖然這位創始人已經70多歲了,但是依然思維敏捷,有著非常強的底線思維能力。不論公司面對何種重大成功或挫折,他都能始終保持冷靜與克制。過去,不論日子過得多麼好、利潤多麼豐厚,他一刻也不敢放鬆,始終懷有憂患意識,而不像一些企業的負責人,一旦企業賺了錢,就開始變得高調、自我膨脹,到處誇誇其談。

這個例子告訴我們,凡事做最壞的打算,做最好的努力,成功的機率反而更大。備豫不虞,絕不是一種消極、被動、防範的思考方式,也絕不是僅僅守住底線而無所作為,而是從底線出發考慮全盤問題,以扎實務實的精神主動出擊、化解風險。

備豫不虞,才能安不忘危,防患未然,才能將風險化解在源頭,才能從「最危險」到「最安全」,才能從「底線」出發達成「上限」——看到「壞處」,解決「難處」,爭取「好處」。

堅守是為了進取

在平時的生活與工作中，我們經常聽到有人會這樣說：「大不了如何如何」、「即便情況再差，還能差到哪裡」等，這既是一種面對困難與不確定情況的態度，也是一種底線思維，同時也是一種心理壓力測試。

我們知道，底線思維是客觀地設定最低目標，立足最低點，爭取最大期望值的一種正向的思考方式，它不同於「破罐子破摔」。後者沒有明確的心理定位，做事情沒有邊界感，容易讓人變得萎靡，而前者不但強調邊界感，還能給予人正向的力量。

為什麼底線思維能夠給予人正向的力量？因為底線思維是出發點，不是終點，是可以由下而上的，有巨大的發展空間。從這個意義上說，堅守底線，不是消極的「防守」，而是一種積極的進取。

有這樣一個故事：

一家企業銷售業績不佳，經理做了一個臨時的決定：年底只發給員工一個月的獎金，而不是事先定好的兩個月獎金。當然，如果直接和員工說「年底只發一個月的獎金」，肯定會挫傷大家的士氣，該怎麼辦呢？他想到了一個方法：通知全體員工，公司因效益不好，年底需要裁員。

第五章　底線思維：靈活的權變策略

　　他放出這個風聲後，內部大家人心惶惶。過了幾天，在員工大會上，經理對全體員工說：「考慮到大家對公司的貢獻，公司決定暫時不裁員了，但是需要大家齊心協力和公司共渡難關。」聽說不裁員，大家都放下了心上的石頭，這時，也不考慮年終獎金的問題了，畢竟現在的底線是「保住工作」。

　　春節將至，當所有人都不對年終獎寄予希望時，突然有一天，經理通知大家：所有員工到財務部門領一個月的年終獎金。幾乎所有的員工聽後都歡呼雀躍起來。

　　在這個故事中，且不論公司經理的做法是否妥當，但是可以肯定的是，他是一位玩轉底線思維的高手——為了少發給員工年終獎金，先是透過「裁員」之名來降低員工的預期，也就是讓員工主動降低自己的底線，即「只要能保住工作，寧可放棄年終獎金」，然後再給超過員工最低期望的結果，即「可以領一個月的年終獎金」，從而讓他們有種「意外收穫」的感覺。

　　這與司馬遷《史記‧項羽本紀》中的「破釜沉舟」、「置之死地而後生」有著異曲同工之處。它們都是底線思維的現實應用。在工作生活中，我們也可以根據實際情況運用這個思維，其運作的邏輯是：先為自己設定一個最低點，也就是預設「最糟糕的情況」，然後立足最低點或最糟糕情況，不斷向上爭取更好的結果。比如，工作不順利時，與其擔心出問題而畏首畏尾，不如為自己設定一個最低的目標，然後放手去做，每取得一點超出

上篇　有底線的思維才是好思維

自己預定目標的成績,都是一種進步、一種激勵。同樣,在生活中如果遇到煩心事,與其整天鬱鬱寡歡,不如靜下心來調整一下心緒,慢慢以樂觀的態度去接受一些人或事。

史蒂夫‧賈伯斯(Steve Jobs)是蘋果公司的聯合創始人,知名企業家,現代科技界最具影響力的人物之一。他是一位底線思維運用大師。他透過運用底線思維,積極進取,讓「蘋果」成為辨識度極高的品牌,也讓自己成為「果粉教主」。

現在,我們就來梳理一下,看他都運用了哪些底線思維。

首先,牢牢控制「損益底線」。

日本索尼公司不但有多年製造精緻消費電子產品的經驗,而且擁有前衛的行動式隨身聽系列,是一家非常有競爭力的唱片公司。可以說,不論在硬體、軟體,還是在設備與銷售等方面,索尼完全不輸於蘋果公司。然而,它最終沒有像蘋果公司一樣成功,一個重要的原因是索尼的業務和分支過於龐大,每個分支和業務都有自己的「底線」。如果它們不能被有效地整合到一起,為了共同目標而協同運作,必然會影響到公司的整體,事實上也確實造成了索尼的沒落。

賈伯斯並沒有將蘋果公司分割成多個自主的分支和業務,他牢牢地控制著所有的團隊,並促使他們作為一個團結而靈活的整體一起工作,全公司只有一條「損益底線」,由全公司統一核算。這樣有效避免了混亂。

第五章　底線思維：靈活的權變策略

其次，做自己控制得了的事情。

在做任何一件事情前，都要想到可能出現的最糟糕情況，這體現的就是底線思維。為了打造完美的產品，賈伯斯有時非常固執，甚至一意孤行，只因為他有自己的底線，有自己的風險意識。在他創立蘋果公司、NeXT 公司和皮克斯公司的過程中，我們能清楚地看到這一點。他每次都會找合適的合夥人分擔風險，同時將控制權牢牢抓在自己手中。如果對公司失去了控制，他會果斷放棄，甚至賣掉自己的全部股份。他非常現實，把最壞情況排除掉，要做自己能控制得了的事情，這就是他的底線思維。事實證明，賈伯斯做得非常成功。

再次，制定策略計畫以實現底線。

在重返蘋果公司之後，賈伯斯在公司內部進行了大刀闊斧的改革，先後砍掉了 70% 不同型號的產品。在一次大型產品策略會議上，他在黑板上畫了一個四象限，來對應公司的四項主營業務：消費級臺式產品、消費級便攜產品、專業級臺式產品、專業級便攜產品。在後來的董事會上，他再次介紹這個產品策略，董事會雖然沒有公開投票贊成，但是默認了他的這個策略。於是他帶領團隊勇往直前，並取得了巨大成功。

最後，使團隊成員與策略底線保持一致。

在確立新的策略後，賈伯斯將公司的工程師和管理人員集中在四個領域，分別為：專業級桌上型電腦領域、專業級便攜

電腦領域、消費級桌上型電腦領域和消費級便攜電腦領域。在這四個領域，團隊同心協力，共同發力，分別做出了較大的成績。與此同時，賈伯斯又果斷退出其他業務領域，如列印機和伺服器等。這樣做的一個好處是為公司「新增」了一大批優秀的工程師，可以集中力量開發新的移動設備。後來的 iPhone 和 iPad 就是這個策略的成果。正是賈伯斯讓團隊與策略發展底線始終保持一致，最終讓蘋果公司大獲成功。

在激烈的商業競爭中，經營一家企業非常不易。想在商界立足，並基業長青，一定要具備底線思維，控制好成本，確定好利潤線，綜合考慮各種不利因素等，做到穩紮穩打，步步為營。

經營人生如經營企業，要做人生贏家，不能靠蠻力。許多時候，你做了多少事不重要，重要的是你做了哪些事。要清楚哪些事做不得、哪些事必須要做。如果守不住底線，往往會失去對事物的控制，甚至會陷入漩渦中──感覺被一股力量不斷往下拉，完全掙脫不了，內心的防線極容易崩塌，進而產生「破窗效應」，出現惡性循環。

所以，人生最要緊的事，就是守好一條條底線，踏踏實實地做好該做的，不越界不胡為，如此才能不斷疊高人生之基，最終成為人生的贏家。

第五章　底線思維：靈活的權變策略

運用多元化思維做事

多元化思維，顧名思義，就是從多個角度、多個層面考慮事情的思維形式，它的對立面是「單線思維」。單線思維容易形成「路徑依賴」。當我們習慣於單線思維，某一天想要轉換思維時，就等於脫離了業已習慣的「路徑」，往往會帶來心理上的不適感。

現實生活中，很多人習慣用單線思維做事，其中有些人一直在某個細分領域學習、研究、工作，期望成為該領域頂尖且有影響力的人。事實上，大多數的人都要面對社會與生活，如果只鑽研一個領域，很多時候往往很受局限。比如，學設計，只對設計感興趣、只研究設計，那麼一生就只能是設計師，因為做不了別的。

仔細研究那些各個細分領域的成功者，他們能成為行業的領頭羊，沒有一個人是只會一種技能的，他們往往文科和理科都不錯，他們的思維是多元化的。

有一句古老的諺語是這樣說的：「一個醫生，如果他僅僅是一個好醫生，那他就不可能是一個好醫生。」為什麼這麼說呢，道理何在？如果一個人「僅僅」醫學高明，那他算不上是一個好醫生，因為一個真正的好醫生，要具有多元思維，他會不斷拓寬多領域的知識和視野來幫助自己更好了解病人，他會掌握心

理學、社會學、機率學等領域的知識,來幫助自己做出更好的決策,開具更有實效性的處方。

因此,可以說,多元化思維也是一種底線思維——它決定了一個人的思維高度與能力上限。在多元化思維下,各學科之間並沒有涇渭分明的界限,而是相互影響、相輔相成的。

現實生活中,經常看到這樣的例子:一個人非常優秀,在某個行業做得很好,換一個行業,做得也不差。只要他的團隊在,他的能力就在,他就能做出一些成績來。不用多去考量他的思維,他靠的一定是多元化思維。

多元思維反映了一個人的思維品質和思考深度。從哲學的角度看,這個世界是普遍矛盾的,存在著很多矛盾的事情,任何人做的每一件事都有好有壞。包括怎麼看待、評價一個人、看待一個事物的好壞等等。這也反映了多元思維的存在和作用。事實亦證明,只有調動多元思維,才能提高做事情的容錯率,使決策更加合理。

投資大師查理・蒙格(Charlie Munger)也是多元思維的踐行者。他採用「生態」投資分析法的理由是:幾乎每個系統都會受到多種因素的影響,所以若要理解這樣的系統,就必須熟練運用來自不同學科的多元思考模式。

多元思維之所以重要,一個重要的因素是有助於我們找到「交叉點」,從而利於優秀的創意誕生。也就是說,多元思維不

但可以幫助我們解決難題，而且還是創造性想法產生的前提。這裡需要注意的是，並不是所有多元思維都可以產生傑出的創意，因為創造性的想法必須具備三個條件。

第一，創造性想法必須是新穎的。這裡的「新穎」指「自己知道，而別人不知道的事情」，如果「自己不知道，而別人早都已經知道了」，就算不上創新。例如，當電商沒有出現時，你想出了搭建網購平台，那就是創新，但是如果網購形式已經出現，而你只是做了某個品類的網購平台，那就不算是創新，而是複製。

第二，創造性想法必須是有價值的。如果創新沒有任何可利用的價值，那麼它就沒有存在的意義。

第三，創造性想法必須是可實現的。即你的創意不能沒有可操作性，不能只是憑空想像，要切實可行，具有操作性。

總之，多元思維是一個非常有價值的動態思維方法，能夠帶給我們更多的思考，能夠讓我們在困難面前有更多的選擇。如果想築牢自己的能力底線，想多一些迴旋騰挪的空間，那麼一定要有意識地培養自己的多元思維。

上篇　有底線的思維才是好思維

根據環境調整底線

　　做人做事不能沒有底線。沒有了底線，也就沒有了衡量對與錯的尺度。人是具有社會屬性的高級動物，時時事事都要受到社會公認的法律和道德等準則的約束，不可能游離於社會之外。如果自己都不知道哪些事該做、哪些事不該做，或者拿捏不好做事的尺度，那行事很可能就沒有底線。沒有底線的行事，無異於行走在懸崖邊緣。

　　事實上，幾乎每個人都有自己做人做事的底線，且底線有高有低。同時，每個人堅守底線的態度也是不同的。比如，有些人會拍著胸脯說：「我是一個有原則、有底線的人，在這件事情上，即便給我再多的錢我也不會做！」聽上去，底線確實夠硬、夠高。事實呢？只要誘惑多一點，他們的底線就會低一分。

　　有人在街頭做過一個有點無厘頭的測試：隨機找一些路人，分別向他們提出一個「荒誕」的問題：「如果給你 100 萬，你願意裸奔嗎？」

　　大部分人都會說：「當然不願意啦！」給出的理由無非是「我不缺錢」、「那多丟人呀」、「有錢有什麼了不起」等。

　　只有少數幾個不情願說「不」，心理似乎在糾結：能不能再抬高些價碼？

第五章　底線思維：靈活的權變策略

　　如果是 1,000 萬呢？是不是還會有那麼多人說「不」呢？可能人數會有所減少。當然，畢竟這只是一個隨機測試，即便你說 1 億，很多人還是會一本正經地說「不」，畢竟大多數人都是有底線的人，都要保留自尊。但是也不能否定有一部分人受金錢誘惑而「豁出去」。

　　可見，「底線」不是固定不變的，而是時高時低的。特別是在巨大的誘惑或利益面前，有人會不自覺地放低底線，甚至變得毫無底線，其潛在的邏輯就是「只要讓我⋯⋯即便⋯⋯我也⋯⋯」

　　這種現象在生活中很普遍。比如，有的人學歷高，能力也不差，還有過在大公司從業的經歷，即便其所在行業的就業形勢不容樂觀，就業時底線也不會鬆動：「年薪 250 萬起步，其他福利待遇一樣不差。」一個月、兩個月，沒有找到合適的工作，半年後，就可能自降身價：「年薪 150 萬就好。」如果 150 萬也沒有公司願意出（因為同等條件，100 萬就可以搞定，為什麼要多花 50 萬？），這種情況下，他會再次降低要求：「100 萬就 100 萬，閒著也是閒著，有工作總比沒工作好。」

　　其薪資底線從「年薪 250 萬」一直降到 100 萬，你能說他是一個沒底線的人嗎？當然不能。只能說，有時底線是可以調整的。同樣的道理，企業用人的底線也會隨著就業市場的供求關係不斷做出調整。如果某類人才奇缺，物以稀為貴，企業就需

上篇　有底線的思維才是好思維

要開出高於市場平均水平的薪資吸引人才,反之,會盡可能壓低薪資,以降低用人成本。這時,「用人成本控制在⋯⋯」或是「員工平均薪資水平不得超過⋯⋯」就是企業的用人底線。

當然,相較這些可以往低調的底線,有些底線更適合往高調。

最典型的就是道德底線、行為底線等。

有人可能會說「底線低的人都不道德」、「道德底線低的人吃得開」,或者說「底線越高越好」,理由是:道德底線低的人有時比道德底線高的人占優勢,你做不出來的,他做得出來。

其實,這個問題不可一概而論。有的人底線很高,你隨便說句玩笑,他立刻和你翻臉,你說這樣好嗎?有的人底線很低,整天嘻嘻哈哈,即便有人對他言語不敬,也不當回事,這樣好不好呢?

可見,底線太高不一定好,太低了也不行。那多高才算剛剛好呢?這要因人因情因事而定。

有位創始人早期下海經商時,有過一些特殊的經歷,比如坐過牢,後被無罪釋放,還差點因為誤診而截掉一條腿。他一路走來,可以說非常不易,從借來的15萬元起家,到賺第一桶金1500萬,再到38歲步入人生巔峰,身價幾十億。

據他說,在最困難的時候,他連一張車票都買不起,又不知該找誰借錢。有的債主怕他會借錢不還,和他一起回到他的

第五章　底線思維：靈活的權變策略

租屋處，看到他打地鋪吃泡麵、看書，被這種不屈不撓的精神打動。

這些情節是很多人不曾想到過的，畢竟，大家看到的更多的是他成功的形象，而不是低頭求人的姿態。可以說，在很多事情上，他都一直在硬扛，扛不住，底線就破了，局就破了，投資就散了。所以說那個時候，形勢不允許他拔高自己的底線，而只能降，降到不能再降為止。這體現了他身上固有的一種強大的韌性。

大凡在工作、事業上有所建樹的人，身上都有類似的特點，就是能忍常人之不能忍，能為常人之不能為，有時他們的底線高不可攀，有時，又常會被人所詬病。

劉邦就是這麼一個「狠人」。年輕的時候，雖然每天吃吃喝喝，有點不務正業，但還是有一點追求的。為了能過上像秦始皇那樣的生活，他捨棄了很多東西，甚至包括做人的底線。有一次，項羽威脅他說，要拿他的老爹煮湯喝。結果，劉邦非但沒有生氣，還對項羽說：「我和你是結拜過的兄弟，我爹就是你爹，等你煮好了分給我一碗。」

在今天這個繁榮喧囂的社會，人們的底線意識和底線思維更清晰了，已經清楚地意識到──人生的起跑點就是人生的底線，就是做人的道德素質和思想境界。靠「厚黑」，或不擇手段，不可能獲得長足的發展。不論在職場還是商場，不論貧窮

上篇　有底線的思維才是好思維

還是富裕，都要有自己的底線，並能根據具體情況靈活調整自己的底線，從而更好地控制和處理風險，讓自己的人生更從容。

第六章
底線思維：最後的底牌

　　底線之所以不可踰越，就是因為它是向壞的狀態蛻變的臨界點。要防止事物的狀態改變，一定要守住應有的底線，把它控制在適當分寸的範圍內，這樣才能為自己留有餘地。

「差不多」其實差很多

在我們的工作生活中，常常會聽到這樣的話：「哦，差不多就可以了」、「工作差不多就這樣了」、「這個工作大概也就這樣了，大概也差不了多少」。

如何理解這些話的意思呢？

通常有兩種：一種是「的確差得不太多」，或是「已經有了90%以上的把握」；另外一種是「不知道到底差了多少」，或「不知道會不會有一個好的結果」。

這又該如何理解呢？

實際上，不論是哪一種情況，「差不多」其實都是差很多。胡適先生在〈差不多先生傳〉中，曾描述過一位「差不多先生」，他代表了一種做事缺乏底線思維的作風。在這位「差不多先生」眼裡，白糖和紅糖差不多，十字和千字差不多。他的口頭禪是：「凡事只要差不多就好了。」最終因為馬馬虎虎找了個醫生，而讓自己的生命歸西。

故事寓意深刻，映照出不少人的現實狀態。例如，在談戀愛這件事上，有人會說「寧缺毋濫」，憑什麼一定要降低自己的要求呢？寧可不找，也不能委屈自己。當然了，也有人會說「差不多就行了」、「人要現實一點，反正就是兩個人過日子」。

第六章 底線思維：最後的底牌

再如，在找工作的時候，有人勸你「找份工作先做著再說」，也有人勸你「一定要找你的專業，要不然書就白念了」，還有人勸你「不要去打工」。

其實，不論是談戀愛還是找工作，或是做其他什麼事情，最根本的還是要看自己的想法。如果有明確的底線、原則，那做事就相對比較穩妥，相反，如果凡事「差不多就好」，那很可能會經常憑感覺做事，沒有清晰的為人處世的原則與底線。

同樣一件事情，你抱著「差不多」的心理去做，和有清晰底線思維去做，結果往往大相逕庭。事實證明，應用底線思維去做事，才最穩妥。

一對好朋友 A 和 B 畢業於同一所學校。A 說，目前經濟情況不太樂觀，想做點副業，但是苦於沒有任何經驗，也不知道該做什麼好。B 則對自己未來五年的生活做了一個完整、詳細的規畫，不僅邏輯清晰，而且符合現實，操作性強。

A 不斷尋找可做的副業，覺得只要有錢賺，做什麼都行。而 B 則是一步一步落實自己的規畫，期間遇到問題，就想方設法去解決，穩紮穩打向目標前進。

換個角度審視，發現 A 一直抱著「差不多」的心態做事，而 B 則是規劃出行動方案，然後按照方案朝著目標前行。兩年後，B 有了明確的奮鬥方向，且事業小有成就，而 A 還在不斷找著能做的副業。可見，兩人之間存在最大的差距，是思維的差距。

上篇　有底線的思維才是好思維

「差不多」現象，其實也反映了一種不負責任、一種敷衍了事、一種一知半解的人生態度。人生可以一次二次「差不多」，如果次數多了，注定會偏離人生的航向。所以，必須摒棄「差不多」思維，杜絕「差不多」行為。

「差不多」意味著我們對事情的要求沒有達到應有的標準和高度，容易在細節處產生錯誤和疏漏，導致最終的結果不盡如人意。為此，我們要把握好三點：

第一點，做事應該有一定的標準和要求。我們應該對自己的工作或者生活有一定的目標和期望，並且為之努力和奮鬥。如果我們只是追求差不多，就會導致我們的標準和要求過低，最終的結果也會不盡如人意。

第二點，做事應該注重細節和精度。細節決定成敗，精度體現水準和能力。只有注重細節和精度，才能保證我們的工作或者生活達到應有的水準和品質。如果我們只是追求差不多，就容易忽略細節和精度，最終可能會產生麻煩和損失。

第三點，做事應該有一定的原則和底線。我們應該有一定的道德準則和職業操守，不能因為一時的利益而違背自己的原則和底線。如果我們只是追求差不多，就容易在原則和底線方面產生模糊和不確定性，最終可能會導致我們的信譽和形象受損。

我們的職業發展和個人成長需要追求卓越，因此做事一定要講底線，不能差不多。只有始終堅持高標準、嚴要求，注重細

節和精度,並不斷地挑戰自己、提高自己的能力,才能在職場和生活中獲得更好的機會,也才能實現個人和事業的同步發展。

守住底線不是降低標準

我們知道,底線思維是客觀地設定最低限度,立足最低點,爭取最大期望值的一種正向思維,它是保持定力、有條不紊開展工作的重要思考方式。其中「底線」是不可踰越的界線,是事物發生改變的臨界點,一旦底線被突破,會產生意想不到的危害,甚至是難以承受的後果。但是不應把底線視為「低線」。

1. 守底線不是躲避麻煩

很多人認為,守底線就是看好攤子、守住地盤,避免風險和麻煩。其實不然。守底線是指保持最低標準,確保不被突破,而守攤子則是指維持現狀,不願意做出改變或冒險。守底線是一種積極的態度,而守攤子則是一種消極的態度。守底線意味著不斷努力、不斷進取,以保持自己的地位和優勢,而守攤子則意味著放棄努力、放棄進取,任由自己的地位和優勢被別人超越。

守底線可以幫助你在競爭中保持優勢,而守攤子則可能導致你在競爭中失去優勢。總之,守底線是一種積極進取的態

度,是一種對自己和他人負責任的態度,而守攤子則是一種消極退縮的態度,是一種對自己和他人的不負責任。

比如,在食品安全方面,守底線意味著要確保食品的品質和安全,防止食品中的有害物質超標或含有病毒、細菌等有害物質。而守攤子則是指為了降低成本而採用劣質原料或不當加工方式,或者不積極採取改善生產工藝和流程的措施,只希望能保持住原有的部分。

再如,在工作效率方面,守底線是指要按時完成工作任務,達到工作目標。而守攤子則是指不積極進取,不願意主動改進工作方法和流程,進而影響到工作效率和品質。

所以,不能將底線理解為工作上的「低標準」、道德上的「低要求」。底線是不可踰越、不可踩踏、不可觸犯的界線,是不可推卸、不可含糊、必須承擔的責任。它首先要求明確界限,然後要求嚴守、敬畏。它與標準高低是兩回事。如果將底線視為「低線」,總是盯著最低標準,不僅離真正的高線相去甚遠,甚至會突破底線,釀成不利後果。

2. 底線思維內含高線追求

底線思維中暗含了對高線的追求。畢竟,一味靠被動地守,是守不住的。進攻是最好的防守,在底線的基礎上要不斷追求

高線，在達到高線的過程中，再不斷地提升底線，以此相互促進，而不能將守底線理解為降標準。

比如，公司 A 和公司 B 都生產同一類型的產品，但是公司 A 的市場占有率比公司 B 大。在激烈的市場競爭中，公司 A 為了節約生產成本，增加利潤空間，采取降低售後服務品質與產品標準的策略。相反，公司 B 制定了守底線策略，即在保持適當利潤空間的前提下，最大限度地提升產品品質與售後服務品質。

一段時間後，公司 A 的市場占有率及產品美譽度開始逐漸下降，而 B 公司因為提供了更好的產品和服務，市場占有率不斷增加。

從這個案例可以看出，守底線不是降標準。守底線可以幫助競爭者在競爭中保持優勢，而降標準可能導致競爭者在競爭中失去優勢。也就是說，牢牢守住底線是底線思維的根本，但不是根本目的。

底線思維是一種積極進取的思考方式，它不僅要求確保底線安全，而且要在此基礎上追求更高的目標。要做到這一點，在實際行動中，要把握好以下幾點：

一是確立並堅守標準。在工作過程中，要確立工作的最低標準，並確保工作達到這個標準。同時，要堅守這個標準，不能因為任何原因而降低標準。

105

二是持續學習和提高。要不斷學習和提高自己的專業技能和知識水準，了解和掌握最新的行業和專業知識，不斷提高自己的工作能力和水準。

三是規範執行流程。在工作過程中，要嚴格按照制定的流程和標準工作，不能省略或跳過任何步驟，也不能隨意更改流程和標準。

四是定期檢查和評估。要定期檢查和評估工作的情況，包括工作的進度、品質、效果等方面，及時發現和解決問題，確保工作達到最低標準。

五是接受監督和建議。要積極接受來自上司、同事、客戶等方面的監督和建議，主動改進自己的工作，提高工作品質和效果。

透過上述措施，可以更好地堅守底線並確保工作不降標準。

總之，守底線是為了補短板、過險關、衝高線。在工作中，要堅持底線思維，不迴避矛盾，不掩蓋問題，凡事從壞處著眼，努力爭取最好的結果，做到有備無患，牢牢把握主動權。而不是見了問題繞著走，凡事「差不多」、「過得去」就行了。只要守好了底線，就有了前進的底牌，就有了成功的可能。

第六章　底線思維：最後的底牌

守住底線，就守住了根基

底線就像一道防線，保護著我們的人格尊嚴、道德品質和合法權益。如果一個人的行為突破了底線，就會失去他人的信任和尊重，之前的努力和成就也可能會被否定。

在生活中，如果我們不遵守道德準則和法律法規，就會失去他人的尊重和信任，也可能會受到法律的制裁。在工作中，如果我們不遵守職業道德和行業規範，就會失去他人的信任和尊重，也可能會影響職業生涯的發展。

所以，我們應該隨時保持警醒，堅守自己的底線，不越雷池一步。只有堅持自己的底線，才可能贏得他人的尊重和信任，也才可能在事業和生活中取得更好的成就。底線破了，做再多的事情也可能要歸零。試想，如果一個人喪失了做人的底線，他會變成什麼樣子？

現實中，有很多這樣的例子。

有位男子一直認為自己是一個有底線、講原則的人。他畢業於名牌大學，剛 30 歲出頭就擔任一家公司的副總，可謂是同齡人中的佼佼者。因為公司提供他施展才華的平台，他立志要做出一番事業。也就是從這個時候起，他經受了一次次人生的考驗。

他剛當上副總不久時,一些客戶為了獲得公司的訂單,向他行賄,開始他婉言謝絕,後來,他慢慢動搖了。有了第一次,就有第二次,欲望的「潘朵拉魔盒」一旦打開,就很難闔上。

在之後的幾年,他先後收受了客戶近 1,000 萬元的禮金,吃了 500 多萬元的回扣。由於客戶提供的材料不合格,帶給公司一定的損失與風險。即便如此,他還不收手,一次次與客戶達成「默契」合作。只要有好處,他就會給客戶方便。

在貪欲面前,他沒有守住底線,並讓底線一降再降,最終全線失守,結果鋃鐺入獄。

不可否認,雖然他能力出眾,是難得的人才。但是,因為守不住底線,有了錯誤的底線思維,讓自己在犯罪道路上愈走愈遠。

當然,很多時候,底線失守並不意味著一定違反法紀,多數情況是缺少定力與自律,面對誘惑不能果斷說「不」,進而做出一些不應該做的事情來。或是沒有能力達成某件事,為了掩人耳目,要麼降低標準矇混過關,要麼湊合、將就。這樣做的後果,往往是前功盡棄。

比如,你是一名建築設計師,你的底線是不能設計出不符合建築規範要求的建築物。但是,由於某些原因,你設計的建築物中出現了一處不符合建築規範要求的地方,這時,你的底線已經被突破,你的工作就失去了意義和效果。

第六章　底線思維：最後的底牌

怎麼辦？有這麼幾個措施：

首先，立即停止工作。當你發現底線被突破時，要立即停止工作，並通知相關方面，包括上級、同事、客戶等，說明問題所在，並採取措施進行補救。

其次，找出問題所在。要仔細檢查和分析工作過程，找出導致問題產生的原因，並進行深入分析。

再次，制定並執行補救方案。根據問題的具體情況，制定相應的補救方案，包括修改設計方案、重新施工等。在制定措施時，要確保方案具體、可行、有效，並能夠達到最低標準的要求。然後，按照制定的補救方案進行工作，並在執行過程中進行監督和檢查，確保工作的高品質完成。如果有必要，可以進行多次補救，直到達到最低標準的要求。

最後，總結經驗教訓。在補救工作完成後，要總結經驗教訓，找出問題的根源和原因，並採取相應的措施進行改進和預防，避免類似的問題再次發生。

透過以上步驟，可以更好地堅守底線，確保工作的高品質和最佳效果。

底線是我們做人的尊嚴，是我們為人的信心，更是我們做事的底牌。很多人失敗了，不是因為能力不夠，也不是因為運氣不濟，而是因為沒能很好地應用自己的底牌。

上篇　有底線的思維才是好思維

在實踐中守好底線

先來看一個案例：

有座橋於 1907 年建成並投入使用，從計劃建設到最終建成歷時 20 年，可謂歷經坎坷，這座橋梁在建設過程中也經歷了各種困難和挑戰。

2007 年底，工務局收到一封寄自英國設計公司的來信。信中寫道：這座橋是按使用期限 100 年設計的，到現在正好 100 年，請注意對該橋維修。信中特別提到：在維修時，一定要注意檢修水下的基礎混凝土橋臺和混凝土空心薄板橋墩。

隨同此信一起郵寄來的，還有一張該公司當初為這座橋設計的全套圖紙。

雖然大橋到了使用年限，這家公司內部人員換了一代又一代，當初的設計者也早已去世，但是該公司一直堅守自己的服務底線。他們也可以不這麼做——畢竟，橋過了使用年限，公司無須為出現的風險承擔任何責任。

可見，不論是企業還是個人，要想在社會立足，並贏得好名聲，一定要具備底線思維，並能始終堅守應有的底線。

第六章　底線思維：最後的底牌

1. 築牢思想防線

　　要堅守底線，首先要築牢思想防線，因為思想觀念是一個人的行為基礎和前提。平時，要透過樹立正確的價值觀、增強自我約束力、保持警醒和反思、拒絕不良誘惑、學習榜樣和楷模等方式，不斷提高自我防範能力和自我完善能力，使思想始終保持清醒和堅定。

　　很多貪官之所以一步步滑向墮落的深淵，一個主要的原因就是缺少必要的底線思維。他們在懺悔時說得最多的就是「思想放鬆」，或是「原則性不強」。他們往往因為職務、權力等因素，而放鬆自己的思想，認為自己可以凌駕於法律之上，可以逃避法律的制裁。

　　但是，這種想法是錯的。法律是公正的，任何人都不應該違反法律。如果貪官沒有底線思維，那麼極易在追求權力和金錢的過程中，滑入萬劫不復的泥潭。

　　做任何事情，都要築牢思想防線。一旦思想放鬆了，底線就容易被突破。因為當一個人思想放鬆時，他的警惕性就會降低，就容易受到各種誘惑和干擾的影響，進而做出一些違反道德和法律的事情。這些行為一旦發生，就可能會對個人和社會造成嚴重的後果。

2. 克制自己的欲望

古人云：「欲生於無度，邪生於無禁。」不正當的欲望是進步的最大敵人。如果一個人有太多的欲望，就容易迷失方向，失去自我控制，進而做出一些違反道德和法律的事情。因此，守底線需要克制自己的欲望。

平時，我們要學會控制自己的欲望，不要讓欲望左右自己的行為。當欲望產生時，要學會審視和調整自己的心態，控制自己的情緒和行為，避免因一些短暫的名利誘惑而放棄自己的底線，進而做出違反道德和法律的行為。

3. 做到防微杜漸

有道是「不慮於微，始成大患；不防於小，終虧大德」。小節一鬆，大節難保。在任何時候都要保持頭腦冷靜，做到「慎思、慎微、慎言、慎始」。在平時的生活和工作中，要注重細節，警惕問題的萌芽，及時採取措施加以糾正，以避免情況向不好的方向發展。這種思維方式可以幫助人們更好地預見和處理潛在的風險和危機，避免在追求目標的過程中因為細節的疏忽而產生不良後果。

有這麼一個寓言：一次，一個偷針者和一個偷牛者一起被遊街。偷針者感到委屈，發牢騷說：「我只偷了一根針，為什麼

和盜牛賊一起遊街，太不公平了！」盜牛者對他說：「別說了，我走到這一步也是從偷針開始的。」

這個寓言告訴我們，事物都是由小變大的。古人說「千里之堤，潰於蟻穴」、「小洞不補，大洞吃苦」、「勿以惡小而為之，勿以善小而不為」等，說的都是這個道理。

明朝御史張瀚在《松窗夢語》中記述了這樣一個故事：

張瀚初任御史參見都臺王廷相時，王廷相為他描述了一樁見聞：昨日乘轎進城遇雨，有個穿新鞋的轎伕，他從灰廠到長安街時，還擇地而行，怕弄髒新鞋。進城後，泥濘漸多，一不小心踩進泥水中，便「不復顧惜」了（就是不再有顧慮、不再珍惜了）。

最後王廷相總結說：「居身之道，亦猶是耳，倘一失足，將無所不至矣！」張瀚聽了這些話，深有感悟，「退而佩服公言，終身不敢忘」。

後來，張瀚升任明朝吏部尚書，建樹頗多，與他牢記這些話，並不越雷池一步有很大的關係。

這個故事說明，人一旦「踩進泥水坑」，之前的戒備之心往往就放鬆了。反正鞋已經髒了，一次是髒，兩次也是髒，於是便「不復顧惜」了。

很多人起初在工作中兢兢業業，做事有原則有底線，但是，

偶然一不小心踩進「泥坑」，就從此放棄了自己的操守，破罐子破摔了。正所謂「小節不拘，終累大德」，許多突破底線的事情都是從一些小事開始的，積小成大，積少成多，最後以至於身不由己、欲罷不能，一發而不可收。所以，勿以惡小而為之，要防微杜漸，不可掉以輕心。

4. 要勇於攻堅

有一點要清楚，堅守底線不是墨守成規，而是要勇於攻堅。方法有二：

一要積極預防。預防有兩種，一種是積極預防，一種是消極預防。消極防禦也叫專守防禦，實際上是低等防禦，只有積極防禦才是真正的防禦。積極能動地堅守底線，可以更加有效地維護底線，爭取主動。

二要勇於鬥爭。守住底線應當從積極的鬥爭中取得，要「面對重大問題，勇於闖關奪隘」，勇於面對重大矛盾。

底線，一定程度上可視為保障和成事的底牌。守好了底線，一定程度上也就保障了安全，有了後退和迴旋的空間，不至於退無可退，然後在此基礎上可以謀求更大的發展空間。

下篇
善用「底線思維」解決問題

下篇　善用「底線思維」解決問題

第七章
創業的底線思維：生存與團隊是第一

　　創業成功是小機率事件，它比上班族更需要底線思維。創業的首要一點是要保證先「活下來」，只有先生存下來，才能談發展。而生存的核心要素，是人，是團隊。

下篇　善用「底線思維」解決問題

成功創業是小機率事件

很多企業家是在經歷了多次挫折和失敗後才取得了成功，而更多的人則「倒在」了創業的路上。無數事實證明，創業成功是小機率事件，失敗才是更多人的經歷。

伊隆‧馬斯克（Elon Musk）在建立特斯拉和 SpaceX 公司時，面臨巨大的挑戰和風險。他需要不斷地融資來支撐他的項目，還需要面對技術、市場和競爭對手等多方面的挑戰。最終他挑戰成功了，成為了一位備受矚目的企業家。

創業從來都不是一件容易的事，95％的創業公司會倒在創業的路上；網路公司的平均壽命只有 3 年。很多人看了一些勵志書，一些成功故事，立刻熱情高漲，腦袋一拍就想創業。一沒足夠的資源，二沒深厚的人脈，三沒雄厚的資金，靠什麼和別人競爭？

我們可以觀察一下自己居住的區域周邊，是不是有這樣一種現象：不少店鋪關了又開，開了又關，或者不是在轉讓，就是在出租，即便有的店鋪生意很好，老闆也是換了一個又一個，為什麼？最主要的原因是賺不到錢！如果創業真的那麼容易，為什麼有那麼多創業者「倒在」了創業路上？但是很多人還是張口就來：隨便開個店，勤奮一點，哪一年不賺個百八十萬？事實呢？賺錢的只是少數中的少數。

第七章　創業的底線思維：生存與團隊是第一

　　這些人不相信賺錢這麼難，同時也看不清楚自己的實力，認為創業做老闆有膽量就行，於是盲目地加入到創業隊伍中，結果創業不久就嘗到了苦頭，但是不自省，還想繼續嘗試。比如，有的年輕人打工幾年，有了一些積蓄，便有些不安分了，開始嘗試著小本創業，開一家餐廳、一家服裝店、一家列印店、一家便利商店，或者一家理髮店。但是，在經營一段時間後，發現沒有預想的那麼容易。

　　接下來，便到處聽課、取經，希望學點生意經回來，結果又花了不少。專家講的聽起來對極了，但是做起來沒有成效。於是，他們不懷疑自己，開始懷疑專家說得是否可靠，而專家會說：「是你們腦子不靈光，不是創業的料。」事實上，專家還真說對了，如果真是那塊料，也不會花幾千上萬塊，甚至更多，去學那些多半沒用的所謂商業課。

　　不可否認，有些創業者的成功多少有些運氣的成分，但是運氣只能作用一時，不可能長久，更何況運氣還有好壞之分。碰到好運氣固然可喜，但是遇到壞運氣呢？

　　創業是需要一些技巧的，即便有好運氣的眷顧，也不能無腦式地蠻幹、硬闖，那樣只會碰得「頭破血流」。事實也證明，這種做法成功的機率低得嚇人。

　　真正善於創業的人，一定會充分考慮創業的風險，並為自己設定風險底線──會再三權衡每一件事，分析利弊，做到心

下篇　善用「底線思維」解決問題

中有數，盡可能避免無謂的犧牲。

表現在具體的創業活動中，就是會運用底線思維去做一些事情。

1. 不碰陌生行業

有句話叫「做熟不做生」，用在創業上，就是盡量不去碰不熟悉的行業，而要選自己熟悉的行業。畢竟隔行如隔山。這是成熟的創業者普遍堅守的一條創業底線。

很多創業者不會為自己設立這樣的底線，他們對一個行業略知一二，有了一些想法後便會去嘗試。比如，有人見別人做某個項目賺了錢，就心裡癢癢，於是一頭栽進去，結果賠得想死的心都有了。如果心中有清晰的底線，是不會犯這種低階錯誤的。問他下次還跨界、隔行創業嗎，他多半會說「不啦，不啦」，吃一塹長一智。有些人會一試再試，不撞南牆不回頭，最後撞得都不知道自己是誰了。

很多創業者只看別人賺錢的表象，而不看背後的、底層的東西。當然，有人會故意讓你看到他做某個項目很賺錢，為什麼？多半是為了吸引你進來接盤，他好套利離場。如果生意真的賺錢，他會千方百計不讓人知道的。

2. 選址要寧缺毋濫

很多人都想著：開家小店就好，賺不賺錢無所謂，關鍵是不用替別人打工。小生意就一定容易嗎？不一定。很多小生意看似不難，有點生意頭腦的就能操持，其實真沒那麼簡單。其中，選址就有很多學問。有頭腦的創業者在選址方面是寧缺毋濫，如果找不到好的店面，寧可不做，也不會退而求其次，為了便宜的租金，而去經營一家地址不太理想的店面。也就是說，他們在選址方面不將就。這也是有些店面長期租不出去，或是常常更換店主的原因──老手不願意租，新手圖便宜，卻賺不到錢，經營一段時間就不得不放棄。

3. 網路實體融合

網路實體融合是當前許多企業正在探索的一種商業模式。這種模式可以擴大企業的銷售管道，提高企業的知名度和曝光率，提高企業的服務品質和效率。特別是在今天，做生意一定要考慮網路實體融合，如果只做實體生意，很難有更好的機會。畢竟，實體生意具有很多局限性，如受地域限制、難以擴大市場規模、宣傳成本過高等。而網路生意具有便捷性、低成本、易於推廣等優勢，可以極大地擴大企業的市場範圍和品牌知名度。

所以，創業前必須要有這樣一種底線思維──網路實體融

合，實現 O2O 模式，即將網路使用者引流到實體店消費，或將實體店的顧客導流到網上消費。如果做不到這一點，不要輕易創業。

4. 不盲目跟風

如果看到別人做某個行業很賺錢，也一頭栽進去，幾乎可以肯定地說，大機率是不會賺到錢的。有些人就是喜歡跟風創業，對自己能做什麼、能做好什麼心裡沒數，只曉得「只要別人能做好，我也不會太差」。有這種想法的人，基本都是沒有商業底線的人。要知道，每個人的資源、素質、技能，都是不一樣的。

創業也是這個道理，你的底線是要清楚自己的實力，以及優劣勢，而不是看別人在做什麼、賺了多少錢。

很多時候，我們會產生一種錯覺：隨處可見老闆，感覺創業並不難。其實，任何時候創業成功都是小機率事件，你看到的可能是創業者中「活」下來的 5%，或是 10%，而看不到的卻是被淘汰掉的那 90%，甚至更多。因此，創業需謹慎，要為自己多設立一些底線，最大程度做到有備無患，做好抗風險的周全準備。

第七章　創業的底線思維：生存與團隊是第一

帶團隊的能力底線要守好

在商業上，靠單打獨鬥是很難成功的，特別是在初創和成長階段，必須要依靠一個團隊來助跑，同時，創業者要為自己劃一條能力底線──有帶兵打硬仗、打勝仗的本領。創業者專業技術再強，如果不善於組織有戰鬥力的團隊，不善於帶團隊，結果只能是：

要麼自己做到「死」，要麼做到企業「死」。

帶團隊要有底線思維，以確保團隊的工作品質和效果。合適的底線思維可以幫助團隊確立工作的最低標準，並在工作中堅守這個標準，避免出現無法挽回的失誤和損失。

假如你是一名專案經理，負責管理一個大型專案的執行。團隊中有些成員為了加快進度，提出了一些違反安全規範的操作方法，沒有充分考慮可能隨之而來的風險和後果。作為專案經理，你意識到這是一個涉及安全和法規遵從的問題，需要採取底線思維來處理。

具體該怎麼辦呢？解決方法如下：

首先，明確底線。作為專案經理，你需要明確這個專案的安全底線，包括不能違反的安全規範和法規要求，以及不能承受的風險水準。同時，你需要向團隊成員明確告知這個底線，

下篇　善用「底線思維」解決問題

並強調其重要性。

其次，建立風險管理體系。你需要與團隊成員一起建立一套風險管理體系，包括制定風險管理措施、定期進行風險評估、落實責任人等。同時，還需要確保每個成員都理解並有意識主動遵守這個體系，不能為了加快進度而忽略風險。

再次，強化培訓和指導。需要對團隊成員進行安全規範和法規遵從的培訓，同時，指導他們如何在保證安全的前提下提高效率。需要確保每個成員都知道如何正確操作，並且知道為什麼需要這樣做。

最後，要嚴格執行獎懲制度。需要與團隊成員說清楚，如果有人為了個人利益或短期利益而違反安全規範或法規遵從要求，將會受到嚴厲的懲罰。同時，需要表彰和獎勵那些在保證安全的前提下，能夠高效完成任務的人員。

應用底線思維來管理團隊，能夠最大程度確保專案執行過程中的安全和法規遵從，避免出現無法挽回的失誤和損失。試想一下，如果沒有底線思維，腳踩西瓜皮，滑到哪裡是哪裡，會出現什麼情況呢？下面這個案例給出了答案。

張某大學畢業後，在一家跨國企業工作了 10 年。2020 年，他開始創業，做有關社群媒體方面的業務。開始很順利，很快拿到了天使投資。為了快速搭建自己的團隊，他透過各種管道應徵營運、技術研發方面的骨幹人才，也投入了不少費用。團

第七章　創業的底線思維：生存與團隊是第一

隊組建好之後，凝聚力、戰鬥力卻始終上不去。於是，他又花重金聘請了一個CEO。由於對公司開發專案所涉及的一些技術不是很懂，CEO工作的重心就是人事管理。每天除了招人、考核、開會，就是培訓，雖然幹勁十足，一個月後，問題還是出現了：團隊人員流動較大；人力資源成本直線上升；專案進度嚴重滯後；核心技術人員的歸屬感不強。

張某自己又不善於帶團隊，怎麼辦？於是，他又請了一位高人來負責帶領技術團隊。過了一段時間，問題還是層出不窮：工作效率低；內部溝通不暢；做事的人少，管理的人多。公司一共20多個人，其中管理人員占了近一半，包括一個CEO、一個技術總監、四個部門主管。其餘的人中，有兩個負責技術研發，三個負責市場開發，三個做簽單業務，兩個售後，還有兩個做後勤。每個月薪水開支150多萬元，房租、水電10萬多元。

三個月後，由於專案進度遲緩，客戶的預付款少（按專案進度付預付款），公司的現金流開始出現問題。張某第一次有了創業危機。最後，有人教他一招：只保留核心業務和技術部門，砍掉多餘的職位與人員。

最後，公司雖然只有三位管理人員，但是團隊的戰鬥力慢慢提了上來，員工間的合作越來越有默契，專案的進度也提升了，這讓張某看到了成功的曙光。

在上述案例中，開始階段，張某的公司為什麼會頻頻出現

下篇　善用「底線思維」解決問題

問題？一個重要的原因是：團隊管理處於混亂狀態，缺少底線思維。評估團隊管理優劣的一個重要標準是，看它有無底線。團隊管理缺乏底線主要體現在以下幾個方面：

1. 財務損失無底線

比如，在某些重要條件不具備的情況下，花重金研發新產品，就容易陷入顆粒無收的境地。對創業公司來說，一定要守好財務安全這條底線，合理支出，不過度投資，避免可能的財務風險。一旦財務出了問題，企業，特別是創業公司幾乎很難有起死回生的機會。

在上面的案例中，張某起初忽視了這個問題，讓公司背負沉重的財務負擔，甚至差點因此倒閉。所以，一定要守住財務安全這條底線。

2. 商業投機無底線

商業投機是一種以短期利益為目標，冒險投機、不顧後果的行為。這種行為往往會違反商業道德和法律法規，帶給社會和企業家本人不良的後果。

稻盛和夫是「京瓷」和「KDD」的創始人，被譽為日本的「經營之聖」。有一個時期，日本的許多企業搶著參與不動產投

機,想藉此大發一筆橫財。公司股東和公司管理層也建議稻盛和夫投資土地。稻盛和夫卻沒有這麼做,他始終認為:天上是不會掉餡餅的,錢來得如此輕鬆,定是不可取之財,必然來的容易去的也快,只有靠自己努力賺來的錢才是踏實的。所以,但凡有關投機賺錢的方法,稻盛和夫一概回絕,只腳踏實地帶領團隊兢兢業業耕耘。結果,果然如稻盛和夫所言,房地產泡沫破裂後,許多企業都走向了破產。

不進行商業投機是稻盛和夫經營的一條底線。這條底線其實也是企業的保護線,是全體員工的利益安全線,它不但能擦亮容易被利益矇蔽的雙眼,也能將企業與一些高風險的危險事物分割開來。守住底線,便是避開了那些潛藏的陷阱,或許走得很慢,卻能走得長遠。

3. 生命安全無底線

企業作為社會的重要組成部分,應該遵守相關的法律法規和道德準則,確保企業的「生命安全」。企業要採取必要的安全措施和管理措施,確保員工的生命安全和身體健康。例如,有些從事生產經營易燃易爆化工產品的工廠,存在相對較高的危險性,一旦發生事故,員工生命安全就會受到威脅。因此一定要在安全措施、專業技能方面加強管理,設定的底線不可踰越。

再比如,下礦井挖礦、高空作業等都應設立界限清晰的安

下篇　善用「底線思維」解決問題

全底線，不能存在任何疏忽和放鬆。企業只有保障員工的生命安全和身體健康，方能樹立企業的良好形象和信譽，並避免因安全事故而帶給企業巨大損失和社會負面影響。

4. 觸犯法律法規無底線

在經營過程中，為了追求利益，有些企業可能會違反相關的法律法規，甚至違法犯罪，這會帶給企業和社會不良的影響，也可能帶給他人傷害。比如一些特殊的行業、特殊的職業，是容易觸犯法律的。為了避免觸犯法律，企業應該高度重視員工的安全教育，嚴格遵守相關的法規和商業道德要求，誠信經營，不欺騙消費者和合作夥伴，不侵犯他人的智慧財產權和商業祕密。同時，加強內部管理，建立完善的內部監管機制，預防和及時發現違法違規行為，確保企業的經營行為合法合規。

要打造一個優秀、實做型團隊，避免隊伍飄浮起來或沉下去，創業者必須要守好帶團隊的能力底線──既要加強防守措施，對法律法規和道德要求保持敬畏之心，不觸碰紅線，也要育好人，留住人，用好人，提升團隊的戰鬥力與企業的競爭力。

第七章　創業的底線思維：生存與團隊是第一

合夥的本質是規則的契合

創業，靠一個人單打獨鬥很難成事。很多時候，需要找合夥人。縱觀整個商業史，所有形態的合夥，到最後能夠善終的並不多，更慘烈的是，合夥創業成功之後，在分享成果、論資排輩一些環節上，常會發生各種反目。

為什麼？

一個重要原因：規則與底線不明確，沒有清晰地列出來。簡單來說，就是「醜話」沒有說在前面，事後再定規矩，就不那麼好談了。

兩個人，或多個人合作，不斷出現新問題，甚至產生矛盾是很正常的事，問題的癥結在於：大家事先沒有定好規則。有句話叫「親兄弟，明算帳」，更何況不是親兄弟。尤其是第一次創業的時候，最好是將所有的事項一次性說清楚。合夥創業，很多時候，合的不是錢，而是規則。這是合夥時必須堅守的一條底線。

沒有了這條底線，不論你和誰合作，都會有問題。很多創業團隊之所以頻頻出現問題，並很快分崩離析，根本原因就是缺少規則意識，事先沒有定好規則。開始大家玩得挺高興，玩著玩著，有的人覺得沒意思，走了；有的人認為就你玩得嗨，

下篇　善用「底線思維」解決問題

我玩得不開心,不玩了;有的人會說便宜都你占了,老讓我吃虧,怎麼玩?還是散了吧!

合夥創業,一定要有規則意識:不論與誰合作,規則先要確立,能夠接受,可以合作,如果不接受,關係再好也不能合作。有的人本身缺少規則意識,做事很「江湖」,認為出一些錢作股份,口頭確認一下規則就行了。其實,這種做法隱患無窮。

合夥人之間的規則就是合夥人的相處底線。當前,合夥創業已成趨勢,只要你選對合夥人,運用好合夥人規則,靠著堅定的創業意志,那麼創業之路可能會走得長遠。

在制定規則前,必須先確定幾點:

第一,各方要有高度的價值觀認同。如果雙方的價值觀不合,合作遲早會出問題的。

第二,對於彼此有高度的信任感。有人認為,我說了、表達了、做了,你就應該信任我。真正的信任,是發自內心的認同、理解、包容,而不在於你說了什麼。也就是說,這裡的信任,主要是指對人的信任。

第三,對彼此的做事方式認同。只有你真正地認同對方的想法、理念和做事方法的時候,才能產生真正的信任與合作。

這三點是建立規則的基礎。如若沒有這三點作基礎,談規則、談合作就顯得多餘。在現實中,如果你有幸遇到這樣的好

第七章　創業的底線思維：生存與團隊是第一

夥伴，接下來，你們就可以坐在一起愉快地協商合夥的規則了。

小王創業之初，與合夥人一起制定了所有的規則，雙方都承諾無條件遵守這些規則，而不是誰出的錢多聽誰的，或是隨意更改規則。公司確立了一個硬規矩：規則至上。沒有人可以凌駕於規則之上，要不然就會產生矛盾，就會帶來混亂。

在團隊中，合夥人懂不懂規則、對規則的理解到不到位，對團隊的營運非常重要。為此，在制定規則時，大家都要參與，用大量的時間來討論每一條規則。一旦拍板決定了，就要照著執行。在執行過程中，不要問過多的「為什麼」，因為大家已經商量過了。再就是，規則一定要延續下去，無論將來誰加入，都要遵守。如果某人對企業的制度和規則無法認同和執行，也就沒有資格加入其中。

正所謂：醜話說在前面。現在是市場經濟，也是法治社會，個人之間的承諾只是防君子、不防小人的把戲。如果在合夥之初，不把各種規則講清楚，高效能的團隊就很難建立起來。而且之後發生糾紛就難免要透過法律來解決，那樣團隊也就極有可能分崩離析了。

合夥創業前必須要制定以下 7 個規則。

（1）股份規則：包括各方出資比、股權劃分等。

（2）權責規則：包括職位分工、各自責任等。

（3）盈利規則：包括商業模式、客戶群體等。

（4）執行規則：包括執行主體、執行方式方法、相應的責任等。

（5）領導規則：包括領導層權力分工、集體投票權等。

（6）罷免規則：包括領導委任、策略制定，以及罷免程序的啟動、流程等。

（7）退出規則：包括退出機制、退出的方式等。

畢竟，人是會隨著環境的變化而變化的，因此現在說什麼、承諾什麼不重要，重要的是，要學會讓規則說話。

生活中，規則是因得到絕大多數人的承認而存在的，我們只有自覺遵守規則，才能打造和諧有序的社會。敬畏所有光明正大的規則，就是尊重公平、效率與我們自己。大到國家間的利益關係，小到鄰里間的日常相處，無時無刻不受到法律和規則的約束。歷史上沒有一種單純依靠法律或道德教化形成的良好社會風氣。

一個創業團隊，只有建立了明確的規則，且成員高度認同，嚴格按規則辦事，才能有序執行，其中的各個流程才不會亂，企業也才能有成功的希望。

第八章
職場的底線思維：共生與共贏

職場如同一條陌生的山路，哪裡有坑、哪裡有荊棘，有時不會太清楚。要想在這條路上走得穩、走得快一點，需要強化底線思維，恪守職業底線，與同事和睦共處，相互包容，求同存異，共同進步。

下篇 善用「底線思維」解決問題

職場關係中的三條紅線

職場是一個講規則的地方。在工作中，每個人都有自己的位置，認清並擺正自己的位置，清楚哪些事能做、哪些事不能做，哪些話能說、哪些話不能說，是最起碼的職業素養。這在一定程度上決定了同事對你的評價，以及與你合作的意願，甚至決定了你是否能留在職場上。

尤其在涉及隱私、利益等敏感問題上，更要恪守底線，絕不要輕易踰越。同事關係很重要，也很微妙，一定要慎重對待。以下事關同事交往的三條紅線，是任何時候都不可隨意觸碰的，一定要謹記。

第一條紅線：打探或討論同事的隱私

在工作中，同事之間體現得更多的是一種合作關係。在相互合作的過程中，一定要注意尊重同事的隱私，這不僅是一種禮貌和道德，也是維護良好的同事關係的基礎。

首先，要保證他們的個人資訊和資料不洩漏。工作中，不可避免地會獲取到同事的家庭資訊、工作內容等。但是，這並不意味著你可以隨意向他人透露同事的個人資訊。比如，同事的家庭住址、電話號碼、私人信箱等，不應該將這些資訊隨意

第八章 職場的底線思維：共生與共贏

告訴其他人。

其次，最大程度維護他們的工作獨立性和自主性。工作中，大家需要一起合作完成任務，其間不要隨意干涉或者干預同事的工作。比如，不要隨意操作同事的電腦、翻看同事的筆記或私人物品，也不應該越俎代庖地替他們完成工作。

再次，保護公司的商業機密和智慧財產權。當你透過同事接觸到公司的商業機密和智慧財產權時（比如公司的客戶名單、產品設計、財務資訊等），一定要做好保密工作，不應該將其洩漏給外部人員或者競爭對手。

最後，在辦公室、會議室等公共場合，不打探和談論同事的私事。在與同事交往時，要注意對方的忌諱，避免揭人之短。

第二條紅線：觸及同事的利益

工作和利益是息息相關的。因為這層關係，同事之間的相處有時會變得異常敏感。一天之中，我們大部分時間是和同事一起度過的，那麼怎樣避免觸及同事的利益呢？一般來說，在言行方面要做好以下幾點：

首先，尊重同事的工作。不要隨意干涉或干擾同事的工作程序。不要將你的工作轉嫁給對方，也不要隨意干涉對方的工作。如果你對同事的工作有疑問或建議，應該以適當的方式與

下篇　善用「底線思維」解決問題

他們溝通。

其次，尊重同事的決定。在工作中，每個人都習慣站在自己的角度，或是有益於自己的立場表達一些觀點，做一些決定。有時，即便你不支持，甚至反對同事的一些觀點、決定，也要給予對方足夠的尊重，既不要對其妄加評論，更不要強烈反對。

再次，不要羨慕嫉妒恨同事。作為職場人，不要動不動羨慕別人。屬於別人的利益，可以羨慕，但是不要嫉妒，更不要恨。否則做人就沒有底線，更沒有原則，不會獲得別人的信任。

最後，要尊重和保護同事的創意或成果。如果需要使用對方的一些勞動成果，應該事先徵得他們的同意，且確保你的行為不會損害對方的利益。

第三條紅線：開沒分寸的玩笑

有一句話：「好在適度，誤在失度，壞在過度。」與同事相處，開玩笑可以調節氣氛，但是如果不懂得掌握開玩笑的尺度，可能會傷害他人。關係再好，開玩笑也要有分寸感，這往往能看出一個人的人品。

著名畫家張大千平時喜歡與人開玩笑。但是，他幽默卻不失禮節，能夠恰到好處地把握分寸感。抗日戰爭勝利之後，他準備回老家。一個學生特意設宴為他餞行，並邀請了京劇藝術

家梅蘭芳和多名社會名流出席。

宴會開始後，由於現場來了一些「大人物」，大家的言行都比較謹慎，氣氛多少有些凝重。為了活躍現場氣氛，張大千起身向梅蘭芳敬酒，並且說：「梅先生，你是君子，我是小人，我先敬你一杯。」

梅蘭芳和眾人不解其意，都疑惑地看著他。張大千含笑說：「君子動口，小人動手，你是君子，唱戲動口，我是小人，畫畫動手。」一時間，他的謙虛和幽默引得滿堂客笑。

凡事適度則益，過度則損。適當的玩笑，可以使人愉悅，沒有分寸感的玩笑，就是取笑。懂進退、知分寸，守住玩笑的界限，既不傷害他人，也不委屈自己，才能讓人相處不累。

在工作中，與同事嬉笑是一件很常見的事情。適當的嬉笑可以緩解工作壓力、增進同事之間的感情，但是也要有分寸，否則就可能會影響到工作氛圍和雙方之間的關係。

第一，玩笑不能影響工作。在工作中，嬉笑的時間和內容應該適當控制，不要長時間嬉笑，也不要講一些不合適或者不健康的笑話。同時，在工作中嬉笑的時候，也要注意自己的言行舉止，不要影響到其他同事的工作。

第二，避免產生誤解和衝突。在開玩笑時，要注意自己的言行舉止，避免產生一些誤會或是衝突。比如，不要使用帶有

攻擊性或者貶低性的語言或者表情，不要開一些會讓人感到不舒服或者侮辱性的玩笑。同時，在嬉笑的過程中，要注意聽取他人的意見和建議，避免因為嬉笑而產生誤解和衝突。

第三，要注意自己的形象和職業素養。在開玩笑的過程中，要注意自己的言行舉止，不要做出一些不雅或者不禮貌的舉動。

總之，在與同事相處的過程中，要學會用底線思維去衡量交往的尺度，估算可能出現的最壞情況，並且做好應對的預案，而不是放任自己。否則，必然會踩不該踩的紅線，也必然帶給彼此傷害。

刺蝟效應：保持適當距離

在職場中，同事是一個很神奇的存在。你與他們相處的時間，可能比家人、朋友在一起的時間都要長，與他們的交流溝通，也會比家人、朋友更頻繁。雖然如此「親密」，卻又不能靠得太近，為什麼？因為「刺蝟效應」。

「刺蝟效應」，是心理學中的一個概念，它來源於西方的一則寓言，其寓意是：刺蝟在天冷時彼此靠攏取暖，但是必須保持一定距離，以防止互相刺傷。它形象而深刻地反映了人際關係中保持距離的重要性——不能離得太遠，也不宜靠得太近，

第八章 職場的底線思維:共生與共贏

控制好距離,對彼此都是一種保護。

胡適是 20 世紀上半葉文壇的一位風雲人物。他的太太江冬秀喜歡打麻將,他們住在研究院的宿舍時,江冬秀為了打麻將,經常違反宿舍規定。胡適屢勸不止,只好帶著她搬了出去。

於是,有些人不解,便問胡適:「院長是你的學生,打個麻將也不是什麼大事,你至於跟他客氣嗎?」胡適回答:「正因為他是我的學生,我才不能麻煩他。」

胡適並非不懂人情世故,他非常清楚,人情牌很珍貴,隨便用會顯得對別人不尊重,也會打破友情交往的平衡。但是,現實生活中很多人不清楚這一點,覺得不過是「一點小事罷了」,將麻煩別人當成了一種習慣,並在別人的生活中「走來走去」。結果,既沒有守住自己的界限,也侵犯了他人的界限。

現實生活中,我們普遍有這樣一種心理狀態:當我們孤獨和焦慮時,為了緩解這種情緒,會尋求與他人建立親密關係。但是,當這種親密關係建立起來後,我們又會感到束縛和壓抑,需要重新回到一種能夠保持自由與獨立的孤獨狀態中。

特別是在與同事的相處過程中,這種心理狀態體現得尤為明顯。這時,我們就需要運用「刺蝟效應」來調整與同事之間的「距離」,讓彼此之間有明確的界線,避免互相干擾和衝突,以更好地保護雙方的利益和底線。

下篇　善用「底線思維」解決問題

具體怎麼做呢？「刺蝟效應」啟示我們，在工作中要著重把握好三層關係：

第一層：團隊合作關係

在團隊合作中，成員之間需要保持良好的工作關係，既要保持合作，也要保持一定的距離，避免互相干擾。這一點可以透過設定明確的工作職責和溝通管道來實現，確保團隊成員在工作時能夠保持高效合作，同時避免產生衝突。

比如，你是公司的一位部門經理，非常注重團隊成員之間的合作和溝通，經常組織各種會議和活動，鼓勵大家互相交流、分享經驗。但是，過了一段時間，你發現團隊成員之間的競爭和矛盾越來越多，導致工作效率下降。

為什麼會出現這種情況？因為過分強調團隊成員之間的親密關係，必然會導致矛盾和競爭的加劇。解決的辦法是，調整成員之間的關係，使之既能緊密合作，又能保證彼此的獨立性，減少不必要的摩擦與衝突。

第二層：上司與員工關係

上司需要與員工保持適當的距離，其距離要既能夠展示出領導者的親和力，也能夠保持領導者的權威性。可以藉助定期

與員工交流、提供培訓機會,以及制定並實施工作規章制度等方式來實現,最終增強員工的歸屬感和忠誠度。

有一位主管被招進一家公司,他非常注重與員工之間的溝通和交流,經常與員工進行面對面的談話和聚會。但是,不久之後他發現,不少員工開始依賴他的意見和決定,缺乏自主思考和創新精神。最終,他意識到他與員工之間的距離過於親密,導致員工過度依賴他。於是,他開始注重與員工保持一定距離,同時,鼓勵員工獨立思考和創新。事後證明,他的這個決策是正確的。

總之,在職場,上司和下屬之間要保持一定距離。過度的親密關係會使員工過於依賴上司,缺乏自主思考和創新精神。

第三層:同事之間的關係

同事之間朝夕相處,友誼會日漸增長,由此,有人把相處好的同事視為「死黨」,甚至在私下也經常一起聚會、交流。其實,這種做法的風險是很大的。同事之間需要保持適當的距離和界限,避免過於親密或疏遠。比如,尊重彼此的工作和個人空間、避免談論敏感話題、遵循必要的工作禮儀等。否則,關係太近,過多地觸及對方的私人生活空間,難免會產生矛盾和隔閡。

下篇　善用「底線思維」解決問題

　　由此可見，在職場中運用「刺蝟效應」，適時調整與他人交往的距離，做到交流有底線，競爭有底線，合作有底線，才能最終達到古人說的「美美與共，和而不同」的美好境界。

不要挑戰別人的立場

　　在生活中，由於角色、學識、經歷等不同，不同的人對同一件事情的認知、觀點會有所不同，甚至會截然相反。因此，經常會出現這樣一種情景：幾個人因為對某件事情的觀點不同，爭得面紅耳赤。

　　大家僅僅是因為觀點不同才爭吵的嗎？表面看是這樣，實際上，深層次的原因是「立場」問題。立場是什麼？要正確理解立場，先要認清什麼是事實與觀點。我們常說「事實有真假，觀點無對錯」。這是因為，事實只有一種可能，即它已經或是正在呈現的某種狀態。比如，現在是冬天，你說「天氣好冷」，這是事實還是觀點？當然是觀點，而且是你的觀點。你認為「冷」，並不代表所有人都覺得冷。而事實是什麼？事實是「今天氣溫是攝氏 5 度」。可見，觀點是以事實為基礎的。也就是說，事實是底層的，觀點在其上一層。如果理解不了這層關係，那和別人爭論「天氣冷還是不冷」就沒有多少意義。

第八章　職場的底線思維：共生與共贏

在觀點之上，是「立場」。也可以理解為，同樣的觀點，可以引出不同的立場。比如，你覺得天氣冷，你的立場可能是「需要開冷氣」，他也覺得天氣冷，他的立場可能是「趕快買個電暖氣」。大家的立場之所以不同，多數是從自身利益出發來考慮問題的。因此，你非要說「用電暖氣不如開冷氣」，並羅列一大堆理由出來，你以為對方會信服嗎？即便你說得都在理，終究很難改變對方的立場，因為它是基於自己切身利益提出來的。因此，當討論問題時，一定要分清楚討論的是事實、觀點，還是立場。不在一個層面上討論問題，只會傷害彼此的感情。

許多時候，一個人觀點容易改變，但是要改變立場卻很難。為什麼？因為一個人的立場，在一定程度上代表了他的底線，或者說是他的一道防線，就像攔河的大壩一樣，他是絕對不允許它被沖垮的，即便他也知道自己的立場是有「問題」的。如果你一定要把它挖開，證明給他看：「瞧，你的立場是錯的！」那就等於赤裸裸地在挑戰他的底線！請永遠不要做這樣的蠢事。

正如瑞士心理學家卡爾·榮格（Carl Jung）所說：「你永遠不要有企圖改變別人的念頭！」這裡的「念頭」，更像是我們這裡說的「立場」。人，是一種很「理性」的動物，許多時候，這種「理性」是建立在與自身利益相關的事情之上，一旦某事和自己無關，人是很難「理性」的。因此，在經濟學中才有了「理性人假設」一說。也就是說，不是所有的人對所有的事都理性。所

下篇　善用「底線思維」解決問題

以，不要輕易參加和自己切身利益無關的話題的爭論。因為，你沒有自己想像的那麼理性。

真正的聰明人，很少會去反駁別人的立場，哪怕它們存在明顯的謬誤，他也會安靜地聽下去。而蠢人都有一個毛病，就是經常運用「紅燈思維」，只要別人的立場與自己不同，就急忙反駁：「錯啦，錯啦。」他們容不下別人的新觀點，時常將自己封閉在一個獨立的思維空間內，容不得別人站在這個空間之外，否則就認為對方是錯的。

在同事交往中，出於自身利益的考慮，大家經常會就某一件事表達不同的立場，這種情況很常見。可以毫不誇張地說，如果公司有100個同事，在某一件事情上可能會有100種立場！所以有人說，有時候，立場之間的差異，比馬里亞納海溝還要大。

那麼當同事的立場與自己不同，甚至相悖時，是耐心地說服，讓其「改邪歸正」，還是針鋒相對，一味強調自己正確呢？兩者都不對。

正確的做法是：不要用你的立場，甚至三觀來要求世界，你不喜歡的東西，要允許別人喜歡，你不贊同的東西，要允許別人贊同。當你打著「三觀正」的名義要求別人，或是用自己立場去糾正別人的做事方式時，其實，就是在「道德綁架」別人，甚至是在衝撞別人的心理防線。一個人最大的惡意，就是把自

己的理解強加給別人,把所有的結果理所當然用自己的過程來詮釋,並一直認為自己是正確的。

莊子有云:「子非魚,安知魚之樂?」不了解他人,就不要輕易下結論。深到骨子裡的教養,就是從不隨意改變他人。任何一件事從不同的角度切入,都會有不同的觀點、認知、立場,甚至是截然相反的論斷。許多時候,你自以為做出了公正的判斷,其實往往都帶有自己的主觀色彩與利益訴求。

這個世界很豐富,可以容納很多不同的想法,只要不傷害別人,就無所謂對錯。偏執的人才會要求別人認同自己的「立場」、三觀。狹隘的人才會用自己單一的三觀要求別人。這個世界本來就沒有完全相同的兩片樹葉,而這個世界也沒有完全一致的三觀,如果有,那也是包容、理解、尊重、欣賞的代名詞。

一位畫家做過一個試驗:請人指出他的一幅畫的缺點。結果被貶低得一無是處;第二天,他又請人指出同一幅畫的優點,結果被誇上了天。因此他得出一個結論:永遠有人欣賞你,也永遠有人批評你。

在工作中,一定要學會尊重同事的立場,要多站在對方的角度來考慮事情。對方認為是合理的,即使你不同意,也應該尊重。每個人都有自己的生活取向和價值選擇,不要做他人生活的審判者。挑戰並試圖強行改變他人的立場,注定會帶來一場人際災難。

下篇　善用「底線思維」解決問題

第九章
社交的底線思維：保持距離不越界

　　社交中，無底線的退讓和包容，往往換不來對方的感動和讚賞，大機率換來的是視而不見和變本加厲。因此，關係再親密，也要保持距離。距離有了，「美」才會產生。

下篇　善用「底線思維」解決問題

不可缺少邊界感

現實生活中，許多時候，我們的人際關係出現了諸多問題，主要是因為忽略了邊界感，就像俄羅斯作家尤里・邦達列夫（Yuri Bondarev）說的那樣：「人類一切痛苦的根源，都源於缺乏邊界感。」

一些心理學研究也表明，生活的許多問題與矛盾，都是邊界不清造成的，是邊界的混亂造成了關係的混亂。每個人都有自己的底線和邊界，如果對方踩了你的心理邊界，也就說明對方越界了。比如，你認為自己胖，決定要減肥，這是你的事情，完全由你掌控。

但是，如果別人胖，你對他的身材指指點點，那就是越界了。你的行為會讓對方不舒服，即便你們可能是很好的朋友。這種邊界雖然是看不見的，卻是真實存在的。

有位商業諮詢顧問提到，人與人之間相處需要特別注意「邊界感」。例如，小孩沒有經過玩具主人同意，就拿走別人的玩具，就是一種沒有邊界感的行為。上司干預下屬的婚姻，也是沒有邊界感的行為。至於時不時問對方「你一個月賺多少錢」、「你多大了」等這類問題，更是沒有邊界感的行為。這種缺乏邊界感的行為，是典型的「巨嬰」行為。為什麼有這麼怪的稱呼呢？因為嬰兒是沒有邊界感的，常常口無遮攔，問出孩子氣的話，這

第九章　社交的底線思維：保持距離不越界

是可以理解的。可是問話的人如果成年了呢，還能被理解嗎？

每個人都有兩種生存空間，一種是物理空間，另一種是心理空間。所謂的邊界感，可以理解為是區分自己與他人之間清晰邊界的能力，或者說是人與人之間內心的自我界限，即人們常說的「底線」或者「分寸」。這有點像是房間的門，如果鎖上了，別人要經過主人的允許才能進入房間。建立邊界，或有邊界感，其實就是建立了底線，這就像國與國之間的邊境線，對方是不可以輕易穿越的。

事情往往是，人們的素養越高，對邊界感的要求相對也會越高。在為人處世過程中，能把心理邊界拿捏得恰到好處的人，說話辦事會讓人覺得很舒服，既照顧到了對方的感受，又將問題闡述得清清楚楚。

相反，邊界感模糊的人，說話辦事不知深淺，常得罪人，造成別人的尷尬，很難與他人和諧相處。他們身上和言行往往有三個明顯的特徵。

第一，控制欲強

他們總希望別人能按照自己的想法行事，不太注重人與人交往的心理邊界。比如，有些父母會隨意進出孩子的房間，在他們看來：我是家長，孩子是我的，我進孩子房間，為什麼

要徵得他們的同意?再比如,一些人經常會打探別人的婚姻、收入及家庭情況,貌似關心,實則多半是為了滿足他們的好奇心。從本質上看,這些人就是邊界感模糊,說話辦事總以自己的想法和欲望為出發點,希望別人能按照自己的想法去行事。

第二,過度干涉

有些人過度操心不屬於自己分內的事情,這就會對別人造成干涉,是一種沒有邊界感的行為。其中,有些人可能出於好心噓寒問暖,有些人是為了滿足自己好奇心理,也有些人就是單純喜歡管分外的事,還有些人可能出於複雜的原因,不管是哪種情況,都屬於沒有邊界感的行為,都會引來當事人的反感。

第三,注重別人的看法

有時,有些人的心情好壞,主要取決於他人的行為是否符合自己的心理預期。每個人都是獨立的個體。一味將自己的心情建立在他人的看法之上,看似友好,其實會造成別人的心理負擔。比如,在戀愛過程中,一方會卑微地說:「我是不是做錯了什麼?哪裡不好我可以改。」這其實是一種沒有邊界感的做法。

在人際交往中,不管是對身邊的親人,還是對工作中的同

事,很多人都是沒有邊界感的。要知道,即使是再熟悉的人,也總會有自己的逆鱗。所以,在相處的過程中,一定要設定並管理好心理邊界。

下面是美國心理學家亨利‧克勞德(Henry Cloud)和約翰‧湯森德(John Townsend)提出的一些設立邊界的方法。

1. 讓「不舒服」的行為適可而止

「不舒服」很好理解,簡單來說,就是「憤恨或不滿」的情緒。這種不滿情緒一般發生在「對方壓制了你、利用了你或者讓你覺得不被欣賞和不被尊重的時候」,或者「對方不顧及你的感受,一直在向你灌輸他的價值觀、想法、期望等」。這意味著別人突破了你的邊界。但是很多時候,你為了維持某個角色形象,以及沒來由的負罪感,常常忍受這種不舒服。

顯然,這種態度是不對的。如何處理呢?可以在感覺「不舒服」後,採取適當的措施,比如透過神情「告訴」對方你不佳的心情,以提醒對方適可而止。

2. 有意識地說「不」

對於你不想做,或者根本做不到的事情,一定要果斷拒絕。「害怕,罪惡感和自我懷疑」是導致我們邊界感模糊的元凶。

有時，我們之所以不敢拒絕，是因為我們害怕看到拒絕後對方的反應。所以說你的不拒絕並不能說明你很善良，而說明你怯懦。知道問題癥結後，就要勇敢做出改變。

3. 保持心理平衡

在維護自己邊界時，要注意保持心理平衡，不要因為別人的行為而讓自己的情緒失控。可以選擇適合自己的方式來調節情緒，如運動、冥想等。做到這一點非常重要。在社會交往中，只有遇事保持冷靜，調整好自己的狀態，才能扮演好每一個社會角色——妻子、母親、丈夫、同事、員工等。

4. 設定自己的邊界

設定邊界是建立邊界感的關鍵。你需要明確表達自己的底線，並堅持自己的決定。這並不意味著你要變得固執或冷漠，而是要學會在人際關係中保持平衡。

設定界限並非易事，需要長期堅持自己的一些原則，不輕易做出改變。在平時，你可能習慣了做一個老好人，當你剛剛開始建立邊界的時候，很可能因為不善於表達，而得罪一些人。但是，大多數人還是會理解你的，不會因為你拒絕了他們的一個不合理的要求而對你有意見。

5. 對自己的情緒負責

自我邊界的建立，可以讓你清楚地看到自己和他人的責任與權利範圍，知道什麼可以做、什麼不能做。由此，你的情緒不再受邊界不清帶來的干擾，並且擁有獨立於他人的處世能力。

在人際交往中，不但要注意尊重他人的邊界感，不要踰越他們的個人空間和自我保護的底線，也要自我保護和維護個人空間。當然，建立邊界感是一個長期的過程，需要不斷地反思和實踐。在這個過程中，要始終堅持自己的價值觀和原則，不隨波逐流或降低自己的底線。

有所不交，有所不幫

有的人為什麼始終能夠處於一種自在舒服的狀態，可以集中精力把自己的事情做好，同時也不怎麼受別人的影響？原因在於底線思維。說得具體些，就是這樣的人做事不會總是選擇讓自己遷就。在他們看來，如果總是選擇遷就，就會堆積委屈；如果總是選擇理解，就會碰到刁蠻。這是他們為人處世的底線思維。

在人際交往中，恰當地運用底線思維，不但可以減少一些不必要的心理困擾，而且有助於建立健康、和諧的人際關係，

下篇　善用「底線思維」解決問題

防範不良人際關係帶來的風險。這些主要體現在兩個方面，即不該結交的人不要交，不該幫的忙不要幫。

1. 不該結交的人不要結交

朋友是我們人際關係中的主要力量。所謂「多個朋友多條路」，其中的「朋友」是指真正的朋友，如魯迅所說的：「友誼是兩顆心真誠相待，而不是一顆心對另一顆心的敲打。」

朋友不在多，而在於精。古人講「人生得一知己，足矣」，足見值得深交的朋友得之不易，甚至可以說，真正的朋友可遇不可求。絕大多數人終其一生，都不會遇到一個真正的朋友。更何況每個人的精力有限，不可能應付得了太多的朋友。所以，交朋友不能隨便交，而是要有選擇性地交。換句話說，就是交友要有底線，不能什麼人都去結交。

(1) 唯利是圖者不結交。

天下熙熙，皆為利來。天下攘攘，皆為利往。在現實中，人們會為了名利去做一些事情，這無可厚非。但是如果一個人太過重利，甚至有些唯利是圖，不分利益與道義，常揣著假道義，行損公肥私、損人利己之事，那麼，這樣的人盡量不要結交。

一個唯利是圖的人，眼中只有利益，他的利益高於一切，不容侵犯。你不侵犯他利益的時候，你是他的朋友，如果侵犯

第九章　社交的底線思維：保持距離不越界

了他的利益，變臉如翻書。可謂是「友，我所欲也。利，我所欲也。二者不可得兼，捨友而逐利是也」。

有道是，「近朱者赤，近墨者黑」。長期與唯利是圖的人相處，久而久之，自己的品行也會受到影響。交友貴在交心，與品德好的人來往、相處，如與蘭花共室，自己也會沾染上芳香。

(2) 不守規矩的人不交。

人是社會性動物，在龐大的社會網路中，想要和諧共存，遵守規矩很重要。一個不守規矩的人，不值得結交。道理很簡單：守規矩的人，尊重你的隱私與自由；不守規矩的人，總想試探你的底線。

諾貝爾文學獎得主瓦迪斯瓦夫・雷蒙特（Wladyslaw Reymont）說：「世界上的一切都必須按照一定的規矩秩序各就各位。」規矩，看不見摸不到，卻在無形之中影響著我們每個人的命運。做人有規矩，才不亂秩序，做事有原則，才能成方圓。一個人的規矩意識，相當程度上就是人品、道德底線的體現。

一個人無論多麼聰明、有能力，沒有規矩意識，什麼事都可能做得出來。這樣的人，不僅沒有人品可言，靠近他只會帶來風險。

(3) 守不住底線的人不交。

道德和法律是做事的兩條底線，守不住道德和法律底線的

下篇　善用「底線思維」解決問題

人是可怕的。與他們交往，無疑會增加我們的風險，會帶給我們一些意想不到的麻煩。

做人做事的底線，是一個人的三觀和品性的體現。擁有底線的人，很在意自己的一言一行，不會隨便越界。做事沒底線的人，向來不重視任何規則，你不知道他什麼時候就會做出一些違背道德和法律的事情。在小事上，他可能會做一些有失道德的事。在大事上，他可能會做出一些傷天害理、違法犯罪的事情。沒有底線的人就像是一顆不定時的炸彈，與這種人交好，可能會隨時連累自己受傷。

(4) 愛搬弄是非的人不交。

愛搬弄是非的人慣於散播謠言、挑撥離間或故意製造麻煩，這種行為會帶給他人負面影響，甚至會對他人的生活和人際關係造成嚴重損害。有句俗話：「寧在人前罵人，不在人後說人。」意思是說，他人有缺點，不足之處，可以當面指出，勸其改正，但是不可以當面不說，背後亂說。這種行為，不僅被說者討厭，聽者也會反感。

因此，不要與這種人有過深的交往。一方面可以減少受他們的負面影響，另一方面也能避免在一定程度上成為他們惡意中傷的目標。

2. 不該幫的忙不要幫

中華民族熱情，講究人情世故，願意力所能及地幫助別人，這是社會正能量，展現了文明禮儀之邦的風範。但是，幫人不要亂幫，要有底線，要拿捏好分寸，不可全憑熱情，更不能意氣用事，否則會造成雙方的心理負擔，或者為自己或他人惹來麻煩。

因此，幫助別人的時候，心中一定要有桿秤，要明白哪些忙可以幫，哪些忙是萬萬不能幫的。

(1) 超過底線的忙不要幫。

幫忙一定要有底線思，避免過猶不及。比如，朋友請你幫一個忙，如果他所求之事是違法的，或是違背社會公序良俗的，那麼這樣的忙就不能幫。另外，如果所求之事超出了自己的能力範圍，也不要勉為其難。

所以說，幫人，不能踰越底線，不能幫人欺騙；幫人，也不能違背良心，幫人算計他人錢財；幫人，也不能沒有標準，幫人傷害別人。

幫人是善舉，但是踰越了底線，沒有了善意，就變成了壞事、錯事。踰越底線的忙，你如果幫了，事後可能會被人說成是慫恿他人做壞事的罪魁禍首，也可能被人說成與害人者是一丘之貉，到時百口莫辯，實在是不可為之。

下篇　善用「底線思維」解決問題

(2) 逞強的忙不能幫。

幫人，是替人減輕負擔，是替人解決麻煩，是好心，也是好事。但是如果幫了人，反而增加了自己的壓力，且這種壓力又是我們本身所不能承受的，這樣的幫人，就會成為一種負累。另外，為了幫人，有的時候，需要動用更多的人來協助，為更多的人增添了麻煩，這樣就失去了幫人的意義。所以，超出自己能力範圍的忙，不要逞強去幫。

比如，朋友需一筆錢周轉，向你借 50 萬，而你只有 25 萬存款，如果你答應幫忙的話，需要向自己的親朋好友再借 25 萬元，雖然你也能勉強借到，但是一定程度上，這個要求還是超越了你的能力底線。這時，你就要理性思考，這個忙要不要幫。

人有多大腳，穿多大的鞋；有多大力氣，做多大的事。幫忙，最要緊的是在自己的能力範圍內，量力而行。生活中，有不少人明知是力所不能及的忙，也不好意思拒絕，硬著頭皮答應下來，打腫臉充胖子也要取悅他人。雖然一時可以得個「夠朋友」、「講義氣」的名聲，卻讓自己滿身疲憊。像這種逞強的忙，最好不要幫。

(3) 徒勞無益的忙不要幫。

並不是所有人都懂得感恩，也並不是所有人都懷有一顆真心。有些人向你求助，並不是自己做不到，而是把你當免費苦力來驅使。

第九章　社交的底線思維：保持距離不越界

對不懂感恩的人來說，他們習慣把別人對他的好當成理所當然，當你一開始對他太好，以後對他沒那麼好了，他的心態就會失衡，就會認為你不好，從而對你心生仇怨。

有一個年輕人每次回鄉看望父母，都會順便帶一些禮品給親戚們，並且還會給他們幾百塊。久而久之，親戚們也就習慣了他的這些行為。

有一次，年輕人因為回家匆忙，沒有準備任何禮品給親戚們。親戚們的臉色因此變得很難看，後來，還私下說了一些有關年輕人的難聽的話。

生活中，其實有很多這樣的情形。有些人就是不知道感恩，他們就像一口深井，用什麼也填不滿。你的用心，他不珍惜；你的真心，他當兒戲。這樣的人，不但不要幫忙，還要盡量遠離他們！

(4) 幫人做決策的忙不要幫。

道理很簡單，當別人碰到棘手問題而難以決策時，想請你來分析原因，並幫著作決定。這時，你心裡要有分寸──適當分析形勢可以，但是最好不要幫著作決策。例如，朋友想買股票，不知道買哪一隻，請你幫忙選幾隻。你要不要幫呢？最好不要。如果你選的股票後來跌了，讓朋友虧了錢，即便對方嘴上不說，心裡也多少會有怨言的。

159

下篇　善用「底線思維」解決問題

當然，遇到糾結的事，對方拿不定主意，想來徵求你的建議，是把你當成了朋友，或者是值得信任的人。你應該感激朋友的這份信任。不過你也要明白，這時對方很有可能已經有了想法，之所以徵求你的建議，多半是想找你來傾訴一下。因此，不要幫著對方做任何決定，而是把各種決定所帶來的好處或者壞處分析清楚，最終的決定權一定要留給對方。

幫忙和結交朋友是非常重要的社交活動，一定程度上影響著我們的社會關係和人際交往。我們要學會運用底線思維，用有限的時間與精力，去交該交的朋友、幫該幫的忙，以獲得更好的社交回報，避免交友不當，或是幫忙不慎而為人際關係帶來風險。

有鋒芒的善良

生而為人，善良當然是必不可少的品德。然而，一味地善良，沒有底線的善良，並不會帶給你福報，而可能是災難。這一點不但經過了現實的驗證，在理論上也是有依據的。

美國社會心理學家哈羅德・西格爾（Harold Sigel）曾做過一個研究，題目是「改宗的心理學效應」。透過這項研究，他發現：當一個問題對某人來說至關重要時，如果他在這個問題上能讓

第九章　社交的底線思維：保持距離不越界

一個「反對者」改變意見，而與他的觀點保持一致，那他寧可要那個「反對者」，也不要一個同意者。

這個心理學效應告訴我們：在生活中，一些沒有是非觀念，也沒有原則的「好好先生」，之所以常被人忽視，甚至被人瞧不起，是因為他們讓人產生了一種「沒有能力」的感覺。而那些勇於直言是非、勇於批評的人，反倒會讓人覺得富有感染力，由此更容易得到人們的賞識。進一步說，做人一定要有是非觀念、有原則，不能是非不分、隨波逐流。

在現實生活中，為什麼做善良的濫好人容易受到傷害？究其原因，主要有兩點：

第一點，在別人眼中，「濫好人」是那種「好欺負」的人。在一個集體中，當人們需要有人退讓時，肯定會第一個想到「濫好人」，並且一致決定犧牲他們的利益。

第二點，「濫好人」在潛意識裡已經為自己貼上了「應該退讓」的標籤。長此以往，當他再想說出「不」字時，連自己都覺得怪怪的。

所以，建議那些「濫好人」，為免自己受傷害，可在退無可退之際，為自己挖一條戰壕，設定一下底線。這條底線的意義在於：一方面告訴自己，以此為界「不能再退讓了」，另一方面劃清與他人的界限，讓企圖越界者遠離你的安全區。

下篇　善用「底線思維」解決問題

為了讓人生更幸福、更出色，我們的善意必須有底線。在一檔綜藝節目中，一位嘉賓談起了一個有關自己的故事。

讀小學時，她身體有點胖，成績也不是很好，每次體育課，都會有男生嘲笑自己。她一直沒有反擊過，事情持續了很長時間，造成她很大的傷害，她也因此不再想上體育課了。直到現在，她依舊是一個就連在別人面前做運動都會覺得羞恥的人。

在節目中，她動情地說：「如果我能夠穿越回過去，我會告訴那個很小的自己。被傷害時，妳一定要勇敢地打回去，不是要打敗嘲笑者，而是要向他證明，我不是一個軟弱的人。」

真正的善良是一種彌足珍貴的品質，但是如果善良沒有長出「牙齒」來，那就是軟弱。善良並不意味著軟弱，張牙舞爪也不等同於毫無底線。《周易》說：「君子藏器於身，待時而動。」人生的鋒芒，亦是如此。善良的人從來不會主動傷害別人，但是並不意味著就應該被傷害，必要的時候，也應該露出「獠牙」。

正如拉爾夫・沃爾多・愛默生（Ralph Waldo Emerson）所說：「你的善良，必須有點鋒芒。」善良的玫瑰，只有長出鋒芒畢露的刺，才不會被隨意踐踏。長出鋒芒不是一件難事，更不是一件壞事。至少，它可以成為我們堅硬的「鎧甲」，不會讓我們輕易受到傷害。

從前，有兩戶人家是鄰居，平時關係不錯。其中一家人因

第九章　社交的底線思維：保持距離不越界

為能幹，比較富有。有一年，天災導致田中顆粒無收，窮人家沒有了收成，只能躺著等死。

富人家買到了很多糧食，想著大家都是鄰居，就送給窮人家一升米救急。熬過最艱苦的時刻後，窮人去感謝富人，談及明年的種子還沒有著落，富人慷慨地說：「這樣吧，我這裡還有一些餘糧，你拿去一斗吧。」

窮人千恩萬謝後回到了家，他的兄弟卻說：「這一斗米能做什麼？富人這麼有錢，就應該多送我們一些糧食和錢，才給這麼一點，真壞。」

後來，這些話傳到了富人耳朵裡，他非常生氣，覺得窮人家又懶又不上進，還不知足。於是，本來關係不錯的兩家人，從此就成了冤家。

類似這種「升米恩斗米仇」的故事在生活中並不鮮見。為什麼會這樣？施善的一方缺少鋒芒、沒有底線是一個重要原因。要知道欲壑難填，無條件、無原則、無底線的善良，一方面容易助長對方的貪欲，同時也會讓人產生一種「理所應當」、「天經地義」的錯覺。所以，善良一定要帶有鋒芒，一定要帶有底線。正如網上說的那樣：「做一個外表有刺的人，才是成年人世界裡最溫柔的法則。」

在行善的時候，要學會用底線思維捍衛自己的安全感。為此，要做好以下三點。

下篇　善用「底線思維」解決問題

1. 從負面考察人性

魯迅說:「我向來不憚以最壞的惡意來揣測國人的。」從負面考察人性,是用底線思維捍衛自己安全感的第一步,如此,我們才能知曉別人的底線在哪裡、他們會惡到什麼程度。

我們經常遇到的人性的惡,包括貪婪、仇富、嫉妒等。從負面考察人性,就是就預估的可能發生的最壞結果,進行針對性的思考,進而制定詳細的預案,避免在關鍵時刻頭腦發熱、盲目衝動,做出留下隱患的事情。

2. 確定自己的底線

確定底線,就是與過去的自己割裂,同時與外人保持距離。也可以說,確立底線就是為自己確立幾條不容觸碰的底線,讓它們成為你的人生法則。如此,可以讓你脫離柔軟,變得果敢,避免喪失原則,長此以往堅持下去,便可以隨心所欲不踰矩。

3. 告別行動「侏儒」

當受到傷害後,不要聽之任之,「隨他去吧」,甚至還跟阿Q一樣自我安慰、自嘲,要痛定思痛,化「自我解嘲」為「積極回應」。可以每天對照鏡子訓練,設想對面是讓你最反感的人,

冷靜而認真地告訴對方你的感受，讓他明白他已經對你造成了傷害。真正拒絕時，不要用責罵和暴力，遇到極端情況可以直接採用法律手段。

　　做一個善良的人值得肯定，但是千萬別讓自己的善良失了尺度。有句話說：「沒有邊界的心軟，只會讓對方得寸進尺；毫無原則的仁慈，只會讓對方為所欲為。」生活的意義，從來就不是妥協和忍讓。如果不能用善良開出一朵花，那就讓其身上長滿刺。

下篇　善用「底線思維」解決問題

第十章
教育的底線思維：愛的平衡

　　真正的教育，是為了讓孩子獲得健康的成長與全面發展，而不是讓孩子成為溫室裡的「花」。在教育的過程中，家長是引導者，而非替代者。堅守愛而不寵的底線，方能育兒成才。

下篇　善用「底線思維」解決問題

正面管教：最好的教育方式

發脾氣、叛逆、說謊……生活中孩子的一些負面情緒和行為，經常會讓家長感到頭痛。許多家長不知道，當孩子犯了錯、鬧脾氣，應該怎麼管？

有的家長顧及孩子的感受，怕孩子心靈受傷，只好忍讓，結果變成了縱容，助長了孩子驕橫自大，我行我素。當然，也有的家長會責罵、訓斥孩子。其實這都是不可取的。

正確的做法是：進行正面管教。何為「正面管教」？正面管教是一種既不懲罰、也不嬌縱的管教孩子的方法，由美國教育學博士簡・尼爾森（Jane Nelsen）與琳・洛特（Lynn Lott）共同研究發明。它以個體心理學創始人阿爾弗雷德・阿德勒（Alfred Adler）和魯道夫・德雷克斯（Rudolf Dreikurs）的理論研究為基礎，倡導父母透過營造和善而堅定的溝通氛圍，培養孩子自信、自律、合作、有責任感、有自主感以及自己解決問題的能力。

正面管教的兩個核心關鍵詞是「和善」和「堅定」，既對孩子有足夠且嚴格的要求，同時又給予孩子愛和尊重，和孩子平等交流溝通。其中「堅定」體現了管教的底線思維，即和孩子一起立規矩，並共同遵守。

第十章　教育的底線思維：愛的平衡

　　如何運用這個教育方式呢？運作的邏輯如下：孩子提出一個「無理」要求時，不要先急著責備，或是滿足他，而是先要建立一條不能讓步的底線，表明自己堅定的立場。然後，再輔以耐心的解說開導。孩子明白其中的道理後，會慢慢理解和接受。

　　比如，有的孩子不愛寫作業、貪吃零食、亂花錢、玩手機，家長除了一次次說教，不知該怎麼應對。殊不知，一句話重複三遍，就是對別人的折磨，你對孩子說幾十上百遍，那等於折磨了他多少回？他怎麼能受得了？即便家長說得有理，在孩子耳朵裡也是一堆噪音，只會讓孩子情緒變得混亂。因此，不要隨意去訓斥孩子。該怎麼辦？要進行正面管教。

　　看下面這個例子：

　　麗麗在家裡做作業時，總是拖拖拉拉，完成品質也不好。每次，不管媽媽怎麼責備她，她就是無動於衷。有一次，爸爸與她一起制定了一個時間表，讓她自己安排時間，並鼓勵她按照計畫完成作業。同時，允許爸爸監督她的學習情況，並給予必要的幫助和支持，但是不能代她寫作業。

　　有一次，麗麗按時完成作業後，爸爸及時進行了表揚和獎勵，鼓勵她繼續保持良好的學習習慣。如果沒有按時完成作業，爸爸會和她一起找出原因，並幫助她制定改進的計畫。這樣一來，麗麗的學習動力和自我管理能力越來越強。

　　這是一個典型的正面管教案例。在這個案例中，孩子的行

下篇　善用「底線思維」解決問題

為顯然需要糾正。但是，媽媽和爸爸的管教方式卻不盡相同。媽媽試圖以粗暴的方式讓孩子按時完成作業，而爸爸則透過耐心的引導、說服，來提升孩子學習的自律性。

由此可見，正面管教是一種正向、科學的家庭教育方式，在進行正面管教時，要注意以下幾點：

1. 積極暫停

什麼是積極的暫停？不是強硬地要求孩子暫時不做什麼，如「你做不出這道題，今天就不要吃飯」，也不是「你考成這樣，趕快離我遠一點」，這不是暫停，而是懲罰。因為這些話語在暗示孩子：全是我的問題，是我惹爸爸生氣了。

正確的做法是：要向孩子解釋，你接下來要做什麼，為什麼要這麼做。你可以說：「我想你的成績考成這樣，你心情也不好，你先回自己房間靜一靜，等一會兒我們再一起討論這個問題。」接下來，你也可以到另一個房間去，深呼吸、聽聽歌，或者出去散步。

2. 和孩子建立互信和理解的關係

正面管教強調尊重和理解為先，家長需要理解孩子的需求和想法，尊重他們的權利和選擇，同時與孩子之間建立互信和

理解的關係。這將有助於孩子形成健康的自我認知和情感以及尊重他人的意識。

特別是當孩子犯錯的時候，家長可以把自己同樣的經歷告訴孩子，這樣孩子就會知道犯錯並不是不可原諒的事情。每個人在成長過程中都會犯錯。這樣他才能調整好自己的心態，更加積極地改正自己的行為。

3. 制定明確的規則和期望

正面管教提倡設定合理的規則和期望，幫助孩子明確自己的底線和目標。家長需要與孩子協商制定規則和期望，讓孩子有參與感和歸屬感，同時更願意遵守規定。當然，家長也需要堅持規則。這個過程中，雙方要互相尊重和理解。

比如，可以制定家庭規章制度，規定什麼事情可以做、什麼事不能做、什麼話不能說等。家裡的每個成員都要嚴格遵守，誰違規都要接受懲罰，父母也不例外，制度面前，人人平等。

4. 共同解決問題

只有規則與期望是不行的，還要和孩子共同解決問題。怎麼解決呢？首先問問孩子：「發生了什麼事情？感受怎麼樣？如果別人做了同樣的事，你會有什麼感覺？」接下來，再問問孩

下篇　善用「底線思維」解決問題

子：「我們可以做些什麼？」、「你需要我陪你嗎？」一起討論解決辦法。如果孩子自己提不出解決問題的辦法，可以提供一些選項讓他選擇。

比如，是「現在睡覺，還是 10 分鐘之後睡」、「是現在寫作業，還是吃完飯寫」、「是先玩半個小時，還是先寫半個小時作業」等。當然，孩子也可能說出其他選項，比如「不睡覺」、「不吃飯」等，你可以告訴他們：這不是一個選項，然後再次給出你的選項。

5. 及時給予肯定和鼓勵

鼓勵大家都理解，很多家長常說，「我喜歡你這樣」、「我為你考了 100 分而驕傲」，這幾句話是鼓勵嗎？當然不是，那只是一種讚揚。它們的區別在於，讚揚針對結果，而鼓勵針對的是行為和努力；讚揚是大人評價孩子，而鼓勵則啟發孩子自我評價。

比如，「你幫助了爸爸，非常感謝你」、「你考了 99 分，這說明你學習很努力」、「我們一起看看，還能怎樣改進」，這些話語就是鼓勵。

正面管教強調鼓勵和表揚，讓孩子感受到自己的進步和成就，進而提升自信和自尊心。家長需要及時給予孩子肯定和鼓

勵，讓他們在成長過程中感受到成就感。家長最好給出具體的例子和解釋，以幫助孩子了解自己的優點和長處。

6. 培養自主能力和責任感

正面管教注重培養孩子的自主能力和責任感，讓他們在成長過程中學會自我管理和解決問題，同時承擔起自己的責任和義務。家長可以提供適當的支持和指導，幫助孩子逐步形成自主能力和責任感。

在教育孩子方面，適度的打壓可能會讓孩子更有動力，但是長時間的打壓必定會讓孩子失去信心。所以，正面管教體現了教育的一種底線思維，其目的是「贏得」孩子，而不是「贏了」孩子，如此才更有利於孩子的健康成長。

教訓不如教導好習慣

在教育孩子方面，很多家長採取的方式簡單粗暴，只要孩子不聽話，就劈頭蓋臉一頓罵，有的甚至會動手打孩子。他們覺得孩子的行為越過了自己的底線，必須給他點顏色看看，讓他長長記性。

下篇　善用「底線思維」解決問題

　　這樣的教育方式真的有效嗎？事實證明，這種方式非但沒有多少效果，而且還容易激發孩子的反抗心理，容易和家長唱反調 —— 孩子覺得你也在踩他的底線。

　　在心理學中，有一個理論，叫斯金納理論。該理論認為，不論是人還是動物，為了達到某個目的，會採取一定的行為作用於環境。如果得到的回饋對自己是有利的，那就會強化這種行為。相反，如果得到的結果對其不利，那他就會減少這種行為。

　　該理論在生活中的反映，可透過一個例子來說明。

　　樂樂在家裡比較懶，不喜歡活動。有一次，媽媽對他說：「如果你倒垃圾，就獎勵你一塊巧克力」，並告訴他，以後在家裡幫媽媽做事，都會得到一些小小的獎勵。事實證明，這些獎勵強化了樂樂做家務的行為。

　　好習慣是孩子成長之基。一些研究發現，孩子在兒童時期最好的教育莫過於養成良好的習慣。習慣與人格相輔相成。所謂的「好孩子」一定是有好習慣的孩子，所謂「有問題的孩子」一般都是壞習慣較多的孩子。

　　作為家長，要樹立這樣一種底線思維 —— 堅決不踩「打罵教育」這條紅線；運用斯金納理論，盡可能多地透過正向強化來培養孩子的好習慣，改變孩子的壞習慣。

　　有這樣一個故事：

第十章　教育的底線思維：愛的平衡

　　某年，研究生入學外語考試時，明確規定：「考生必須在13：45前進入考場，利用考前的這段時間進行偵錯收音機和試聽等工作，13：45後禁止考生入內。」這個規定在考場紀律和准考證上都明確寫得很清楚。

　　考試當天，竟然有4名考生遲到。當老師告訴他們不得入內時，這幾名同學非常著急，這才想起看准考證。他們紛紛表示沒有看見該規定，請求監考老師放行。這幾名考生遲到的理由，有的因為睡過了頭，有的因為吃飯遲到了，總之，他們都忽視了「13：45前入場」這個規定。

　　這件事說明了一個非常簡單的道理：習慣對一個人的成長非常重要。可以說，成也習慣，敗也習慣。人的一生中，要不斷培養各種良好習慣，小到飲食習慣、睡眠習慣、衛生習慣，大到待人接物、禮儀禮貌、工作學習等方面的習慣。習慣就是養成規矩，就是做事要有底線，有分寸。大凡有良好習慣的人，做人做事都講規矩、有底線。

　　在培養孩子好習慣時，可以從以下幾個方面著手。

1. 培養語言習慣

　　馬克西姆・高爾基（Maxim Gorky）說：「語言是一切事物和思想的衣裳。」由此可見，對孩子語言的培養是十分重要的。從

下篇　善用「底線思維」解決問題

很小的時候起，孩子就開始不斷地向生活的環境學習語言，大人們和他說什麼、大人們之間在說著什麼，他都不分好壞地全盤吸收。接著在牙牙學語之時，開始不斷練習之前學到的、現在正不斷學習的各種詞語和句式。

一個孩子正是從「你好」、「謝謝」、「請」、「對不起」等這些不起眼的日常詞語開始他的語言成長之路。平時，家長說話應溫和有禮，表達清晰，用詞準確，做孩子的好榜樣。另外，可以透過一些媒介，比如有聲書籍、電視等教育孩子。

2. 培養規則習慣

我們生活在一個充滿規則的社會體系中。平時，要多講規則的用處給孩子聽，讓孩子了解規則無處不在，一定的規則能使人們更好地生活。如，可以時常反問孩子：「如果不遵守規則會怎樣？」讓他們設想違規的後果，讓孩子意識到規則的重要性。

由於生活中規則無處不在，所以大可利用生活中遇到的、看到的、聽到的問題和事情，講各種規則給孩子聽，培養孩子的規則意識和習慣。

需要注意的是，有限的選擇方法對於孩子的規則建設很有效，過多的選擇會把孩子推到無法領悟和控制的境況。因此，

第十章　教育的底線思維：愛的平衡

可以優先把與孩子有關的事項作為「研究對象」，讓孩子在這個範圍內選擇方向，這樣，無論孩子選擇什麼，他的行為就在規則中，從而自然地接受規則。

3. 培養社交習慣

如今，家長越來越重視從小培養孩子的社交能力，如孩子合不合群？愛不愛跟小朋友玩？是不是樂意和別人分享？會不會欺負小朋友或者被其他小朋友欺負？這些都是大多數父母關注的問題。在培養孩子社交習慣方面，父母的示範和引導至關重要。為此，家長要做一個樂於交際的人，並用自己的實際行動薰陶孩子。同時，要為孩子創造接觸外界的機會，多帶他們去接觸各式各樣的人。在相處過程中，引導孩子與別人友好相處、幫助別人、與別人分享、考慮他人的感受等等。

4. 培養勞動習慣

勞動習慣，同樣是一項應該從小培養的行為習慣。現在獨生子女家庭占絕大多數，父母常常會過度保護孩子。這無助於孩子養成自立的品格。

為了讓孩子養成勞動的習慣，平時，家長一方面要加強對孩子的勞動教育，讓孩子理解勞動的意義，學會尊重他人的勞

下篇　善用「底線思維」解決問題

動成果；另一方面，要讓孩子適當參與一些勞動實踐，做些力所能及的事情，如整理學習用品、收拾房間、洗碗擦桌子等。另外，要做好孩子的榜樣。家長是孩子的第一任老師，家長的行為和習慣會對孩子產生潛移默化的影響。

5. 培養衛生習慣

衛生習慣的培養重在兩個方面：健康的飲食習慣和良好的作息習慣。好身體是一切的關鍵，這一點越來越得到現代人的認同。當孩子從小就習慣了按計畫做每一件事：起床、吃飯、上學、運動、閱讀等，到了國高中時，才能自律自己的學習和生活，更加有規律地進行娛樂和學習，達到兩者的平衡。

6. 培養閱讀習慣

現在，人們越來越認同教育應該是自我的、一生持續不斷的追求，而不是學校裡的十幾年和老師灌輸的那些知識。自我教育的基礎就是要培養閱讀習慣，自發地從各種書籍裡汲取營養。

培養孩子的閱讀習慣，家長要採取這樣一些措施：

首先，創造良好的閱讀環境。如，在家裡選定一個區域作為孩子的閱讀區，放置書架、圖書角等，讓孩子感到閱讀是一項舒適的、被重視的活動。讓孩子在家中感受到閱讀的氛圍。

其次,選擇合適的讀物。根據孩子的年齡和興趣選擇適合的讀物,可以選擇繪本、童話故事、科學讀物等,讓孩子找到自己喜歡的書籍。同時,家長也可以與孩子共同閱讀,以提高孩子的閱讀興趣,增進親子關係。

再次,制定閱讀計畫。家長可以和孩子一起制定閱讀計畫,例如每天固定的閱讀時間、每週閱讀計畫等。這樣可以逐漸培養孩子的閱讀興趣和習慣,讓孩子養成自主閱讀的好習慣。

最後,要多鼓勵孩子獨立閱讀。比如,先從簡單的繪本、童話故事開始,逐漸提高孩子的閱讀能力和自信心。當孩子遇到不認識的字詞時,家長要耐心地講解,幫助孩子提高理解能力。

幼兒時期就開始培養起閱讀的習慣,會比成年後再來培養容易得多,也會使孩子在無目的性的閱讀中發現閱讀的樂趣。因此,閱讀習慣早些培養為好。

孩子在受教育的過程中,就像一張白紙,我們怎麼教,他們就怎麼學。從現在開始,不要再只盯著孩子的成績,也不要再打罵孩子,而要多幫助孩子培養上述良好的習慣。孩子養成的好習慣多了,成績自然也就好了。

下篇　善用「底線思維」解決問題

不要過度教養

「教育也會過度嗎？」很多人都會產生這樣的疑問。是的，教育不但存在過度現象，而且還是一種很普遍的現象。

什麼是過度教養？簡單來說，就是過於嚴謹、過度干預和過度保護的教育方式。很多家長在養育孩子的過程中，習慣為孩子解決各種問題，甚至認為，沒有自己的幫助，孩子將來很難在社會立足。於是，孩子有了上不完的補習班，學鋼琴、學美術、學書法、學舞蹈、學表演，玩耍的時間被壓榨得所剩無幾。其實，這種過度教養並不利於孩子身心健康成長。

美國著名心理學者洛瑞・戈特利布（Lori Gottlieb）認為，過度教養會讓孩子失去抗挫能力。究其原因，是他們從小被父母保護得很好，沒有經歷過挫折。所以，一些小小的挫折就會將他們擊垮。

除此之外，過度養育還會帶來以下一些危害：

首先，依賴性過強。家長的過度教養，會讓孩子產生很強的依賴性，自主面對挑戰的忍耐性、勇氣會下降。可以說，這種依賴性是多方面的。比如，有不少孩子上大學時，還得父母親自接送，幫忙訂車票、拿行李、找宿舍、鋪床等。

其次，動手能力差。因為原本很多自己就可以完成的事情

第十章　教育的底線思維：愛的平衡

被父母代勞了，所以實踐的機會較少，得到的回饋也少。相應地，動手能力也就很難提升了。

最後，欠缺自主思考。因為很多決定都是父母做的，所以很少去深入思考一些問題，這樣一來，就很難形成自己的價值觀，遇到問題也不知道如何分析、處理。

毫不誇張地說，父母對孩子的過度保護，在一定程度上打斷了孩子自主成長的程序，更像是一種拔苗助長。從這個意義上說，過度教養反而會阻礙孩子的成長。與其為孩子鋪好路，不如讓孩子學會如何走好路。畢竟，孩子不是家長的附屬品，而是獨立的個體，他們有自己的成長規律。即便如此，還是會有許多父母掉進「過度教養」的陷阱。

做任何事都要講究「度」，過猶不及，教育也不例外。家長要拿捏好，需要樹立底線思維——不要試圖去為孩子建構完美無缺的安全系統，那樣只會不可避免地製造出新的、不可預見的問題。

具體來說，就是該放則放，該收則收。不論收還是放，都不要去碰以下幾條警戒線：

第一條警戒線：做孩子可以做的事

只要是孩子能做的事，就不要代勞，讓他們自己做，開始差一點沒有關係。比如，學校布置的作業，理應由孩子自覺完

成。事實上,很多時候會出現這樣的情形:只要孩子說一句「我不太會」,家長就像熱鍋上的螞蟻,不是找老師,就是詢問其他同學的家長,要麼責備老師「都是怎麼教孩子的」,或者乾脆幫孩子代寫。久而久之,孩子怎麼進步?

要學會放手,孩子自己的事情,讓孩子獨自去完成,即便他做得不好,也能體會一下過程,體會到自己的責任,清楚自己錯在哪裡。更何況,孩子的能力經常超乎我們的想像,只要放手讓他們發揮,他們一定會給我們一些驚喜。

第二條警戒線:嚴格管控孩子的生活

在生活中,不要過度地控制孩子,允許他們有自己的想法,有自己的決策,並去做自己想做的一些事情。比如,可以讓孩子決定早餐吃哪一種、飲料想買哪一瓶、衣服想買哪一件等等。

有些家長習慣為孩子制定各種規則,明確各種底線,而且根本沒有商量的餘地。比如,幾點睡覺、幾點回家、幾點做作業,這些通通都由自己說了算。其實,這種高壓控制會遏制孩子的自覺性,從長遠來看有百害而無一利。短期來看,高壓控制可以讓孩子很乖、很聽話,但是從長遠來看,會影響孩子做事的自主性及自我管理能力。

第三條警戒線：幫孩子做過細的決定

一定要學會讓孩子自己做決定，這與他們學習一項技能的道理是一樣的。孩子的邏輯思維能力的提升，不能只靠一直做正確的事，同時，也要靠不斷地試錯。在成年人的世界中，很多事情，我們一眼就能看出是怎麼一回事，但是孩子就不一樣了。由於他們缺少相應的經驗，需要經過不斷的思考，才會悟出其中的道理，才會有新的發現。

如果家長幫孩子做過細的決定，無形中等於剝奪了孩子思考的權利。要提升孩子邏輯思維能力，以及獨立解決問題的能力，一定多給他們思考的空間，讓他們獨自去探索，而不是家長幫著他們做決定。

第四條警戒線：讓孩子試圖成為自己

每一位父母都希望孩子比自己更出色，甚至會按照自己的想像來塑造孩子，認為這麼做是為了孩子好，其實不然。你的期望對孩子毫無益處，只會帶給他們壓力。

比如，有的父母學生時代愛貪玩，考試成績差，沒有考上大學，或是考了一所很差的大學，那他們就會寄希望於孩子能考一所名牌大學。當他們傳遞這種期望給孩子時，孩子真的會

下篇　善用「底線思維」解決問題

因此變得更優秀嗎？未必，那只是停留在家長腦海裡的一種期待。事實上，孩子有孩子的世界，有他們的夢想，有他們成長的軌跡。無論如何，家長都不要將孩子想像成自己，更不要將自己的理想轉嫁到孩子身上，那對孩子來說是一種負累，它會影響到孩子用自己的標準建構自己的內心世界。

所以，家長在教育孩子時要有底線思維——孩子不是自己的工具人。教育孩子要適度，不可用力過猛，多給予他們足夠的關愛和支持，同時也要給予他們足夠的自由和空間，讓他們能夠自主探索和發展自己的興趣愛好和特長。如此，才是對孩子最深沉的愛，才有助於他們發揮潛力，成為獨立、自信、健康、快樂的人。

幫助孩子建立底線思維

在社會生活中，有些基本的道德、公理、規矩不可突破，那就是底線。恪守底線，社會才能正常執行。在孩子的教育過程中，幫他們建立底線思維更是須臾不可或缺。

很多人成年後不務正業、遊手好閒，原本不錯的生活卻過得一團糟。為什麼？原因有很多，既有性格方面的原因，也有習慣方面的原因，但是其中最主要的一個原因是：守不住底線。

第十章　教育的底線思維：愛的平衡

也就是說，他們欠缺底線思維。而這種思維又不是一天建立起來的，它往往是從童年時期開始，慢慢建立並得到不斷強化的。

比如，一個習慣花錢如流水的人，你讓他從現在開始節衣縮食，他多半做不到！即使沒有錢，他也會想辦法去借、去貸、去透支信用卡，因為對他來說，「大幅減少開支」或是「每天只花幾十塊錢」這個底線是完全守不住的。為了滿足私欲，他甚至會不擇手段，很少會考慮債臺高築的後果。從本質上看，就是完全喪失了底線，或者說，完全沒有底線意識。

如果你追溯他的童年，或多或少都能找到一些答案。在生活中，不排除有些人小時候比較節儉，長大後花錢大手大腳，但是就多數花錢大手大腳的人來說，小時候他們也是給多少花多少，沒有節儉的意識。即在花錢方面，他們的底線思維不牢，一次次被突破，今天說好了花 50 塊，結果花了 75 塊，下次會說「我今天不能超過 100 塊」，結果花了 250 塊。

凡事都是這個道理，當你的底線不夠牢固，說破就破，那只會越來越放縱自己。從小培養孩子的底線思維，就是讓他們不斷提升自我管理能力。

那麼如何培養孩子的底線思維呢？概括起來，關鍵有兩點：

下篇　善用「底線思維」解決問題

1. 站到自己的角度：不能被傷害

　　由於孩子是未成年人，身心稚嫩，抗壓能力差，所以很容易受到傷害。為了讓孩子更好地自我保護，一定要有底線意識，即「自己不能被傷害」，這也是孩子必須擁有的一條底線，同時它也是一條安全底線。

　　作家三毛的故事廣為人知。小時候，三毛數學成績很差。上國中時，有一次數學考試竟然得了零分。數學老師便讓三毛走到講臺前，用蘸著墨水的毛筆在三毛的臉上畫了兩個圓圈，並說：「那麼喜歡鴨蛋，今天就請妳吃兩個。」全班學生看到熊貓眼的三毛，頓時哄堂大笑。課後，數學老師還讓三毛當著全校學生的面，繞學校操場走一圈。

　　這件事帶給三毛極大的傷害，從此她害怕上學，害怕與人接觸，得了嚴重的自閉症，並封閉自己封閉長達七年之久。

　　從這個故事中可以看出，孩子的自尊心是很強的，一些惡意的傷害可能會帶給他們一生的陰影。為了更好地自我保護，要從小對孩子進行安全感教育。安全感教育中最重要的就是讓孩子擁有底線意識。大人要告訴孩子一些安全底線，比如，女孩子的父母要告訴孩子：「不要讓任何人觸碰自己的身體。」再如，告訴孩子「對不喜歡的人或事要勇敢地說『不』」。

　　另外，建立安全底線還要注重個人習慣的培養，比如，平

時要能禁得住一些誘惑，要養成勤儉節約的習慣，掌握一些可以立足社會的技能等。

2. 站到外圍的角度：不能傷害別人

「不能傷害別人」這是孩子必須建立的第二條底線，這裡的「別人」，可以是國家、社會、集體、他人。底線有兩層要求：一層是道德層面的，另一層是法律層面的。

第一，要從道德層面對孩子進行教育，要求孩子「不傷害、不妨礙」。比如，告訴孩子「和同伴玩耍時，不要打架，打人的一方就是傷害別人」。再如，要讓孩子知道，隨意打擾別人，也是一種妨礙。

第二，要讓孩子有一定的法律意識。法律層面是底線中的底線。平時，要告訴孩子：「當我們隨意踐踏法律，越過法律的紅線，做了壞事，傷害了別人，就會受到法律的制裁。」並和孩子一起思考、分析一些常見的違法犯罪行為，讓孩子有更直觀的認知。

當然，法律層面和道德層面並沒有絕對的界限。相對來說，道德層面的要求較高，很多內容都超過法律層面。平時，要按照道德層面的要求幫助孩子建立各種底線，這樣，自然也就遠離了法律底線。

下篇　善用「底線思維」解決問題

第十一章
投資的底線思維：安全至上

在投資市場，很多時候風險是不能用統計學或者會計學上的數學公式來量化的。要把握好安全邊際，必須運用底線思維——即在關注收益前，優先考慮風險，並估算可能出現的最壞情況。在充分考慮風險之後，再去設定投資策略。

下篇　善用「底線思維」解決問題

普通人的理財底線

提到「理財」，多數人的第一反應是：本金安全就是理財安全。畢竟有了前面的「1」，後面的「0」才有意義嘛。其實，這體現了一種底線思維。

我們知道，不論什麼理財產品，其風險和收益大體是成正比的，即收益越高風險越大，收益低風險也低。如果追求高收益，必然要承受高風險。換一句話說，你能承受多大的風險，就去追求多高的收益，如果只想賺取高收益，卻不願意承受，或是承受不起與之對應的風險，那這種理財行為無異於「投機」。說白了，就是沒有底線，畢竟，賭徒是很少有底線的。

普通人理財，要把握的第一個底線，就是「安全」。理財的目的，是為了更好地生活，即在不影響家人生活的基礎上，適當追求較高的收益。美國投資學大師華倫・巴菲特（Warren Buffett）說：「投資成功的祕訣有三句話：第一句話是保本，第二句話是保本，第三句話還是保本。」這也是他投資成功的一個重要祕訣，其中的「保本」就體現了理財的底線思維。

一旦突破這個底線，那就是一種變相的「賭博」行為了。比如，有的人手裡有 50 萬元，他可以將錢存在銀行吃利息，也可以用來買一些保本型的理財產品，但是他不這麼做，為什麼？收益率太低了，一年只賺三五個點，他不滿足只有這麼點收

第十一章　投資的底線思維：安全至上

益。於是，他用這筆錢炒股，或是投資一些收益率較高的理財產品。當賠錢的時候，他會想「再投入一些，可以拉低成本」，於是不斷地投入，直至負債，被深度套牢。即便解套了，也捨不得出來，幻想著絕地反擊。賺錢的時候，他又會想：「如果投入的本錢再多點，不就賺得更多嗎？」於是，他會加槓桿操作，用 50 萬塊操作 500 萬的股票。結果，股票下跌的時候，很可能面臨被平倉的風險。如不及時退場，本金都會全部賠進去。

當一個人沒有底線思維，他的膽子會越來越大。為了追求一夜暴富，可能會舉債加槓桿，而漠視存在的風險。反之，擁有底線思維的人，很少會財務「裸奔」的，他們敬畏風險，追求穩中求進。在理財時，後者多遵守分散、低價買入、長期持有的原則。

為了守住安全這條底線，需要擁有以下四種理財思維：

1. 明確自己能接受的最大虧損

看好一個投資項目，是先了解風險，還是收益呢？大多數人會優先考慮收益。其實，這就是典型的「只見賊吃肉，沒見賊捱打」的思維慣性。

對普通人來說，投資的意義是在保本的基礎上，盡可能獲取較高的收益。也就是在低風險的理財產品中尋找收益率相對較

下篇　善用「底線思維」解決問題

高的產品，而不是在高風險的理財產品中尋找高收益的產品。

比如，你手裡有 150 萬元，現在有兩個理財方案可供選擇：

方案 A：年收益率 10％，但是有可能虧掉 20％ 的本金。

方案 B：年收益率 2％，但是不會損失本金。

你會選擇哪種方案？

在做出選擇之前，首先要考慮這樣一個問題：如果選擇 A 方案，我能接受的最大損失是多少？如果是 25 萬元，顯然 20％ 的本金已經超過了這個數字，這樣的話選擇放棄。如果你能接受的最大損失是 50 萬元，則可以適當考慮買入一些。

對普通人來說，在理財時一定要事先明確可以承受的最大損失。當然了，如果你一毛錢的本金也不想損失，那就不要考慮風險相對較高的理財產品，像儲蓄、貨幣基金等是不錯的選擇。如果你覺得「一年的收益率只有 10％，也太低了」，與此同時，買 5 萬塊的理財產品，虧了 500 塊的本金，卻三天三夜睡不著，那就乾脆不要理財了，存起來多省心。因為你賺錢沒有底線，賺多少都不嫌多，但是虧錢的底線卻非常高，完全違背了「收益與風險對等」原則。也就是說，你追求 10％ 以上的收益，卻不想虧掉哪怕 1％ 的本金，這種思想本身就是有問題的，說到底，還是沒有底線。況且這樣的理財產品也不存在，即便存在，也只有騙子可以提供──如果你買了這樣的產品，恐怕虧掉的遠不止 1％，而很可能是所有本金。

2. 用平時的閒錢理財

理財需要錢，如果錢不夠的話，建議先優化自己的消費習慣，砍掉不必要的消費行為，從而將不必要的消費轉化為你的資金，切不可借錢理財。要用閒錢理財。簡單理解，閒錢就是金額不算多，且短期內用不到的錢。

用閒錢來投資是安全理財的一個重要方面。這些錢躺在銀裡產生不了多少利息，用它們來理財，即便虧一些，也不會對生活造成太大影響。

如果你的底線是「不能夠承擔任何損失」，那還是讓這筆錢老老實實地躺在銀行的帳戶上。一旦你觸碰了自己的這條「底線」，就會變得「想贏怕輸」，甚至產生一種輸不起的心態：「打工一天賺 1,000，結果，一天賠掉了 4,000，等於四天白做了。」越想越覺得虧。如果想著盡快把虧損賺回來，那操作一定會變形，想少虧點都難。

3. 將資金分散到多個領域

在投資時，應該將資金分散到多個理財產品或領域，以降低風險。分散投資可以透過多種方式實現，例如購買多種不同的投資產品、投資不同的市場或行業等。

把雞蛋放在不同的籃子裡，可以有效地降低風險，因為不

下篇 善用「底線思維」解決問題

同領域之間的市場波動和風險因素多半不同。如果將所有資金集中投資於一個領域，如股票市場，那麼一旦該領域出現「黑天鵝」事件，投資可能就會遭受重大損失。而如果將資金分散投資於多個領域，就可以更好地抵禦市場波動和風險，確保將損失降到最低。

另外，分散投資還可以提高投資效率。如果將所有資金集中投資於一個領域，可能會錯失其他更好的投資機會，而如果將資金分散投資於多個領域，一定程度上，可以更好地抓住市場機會，提高投資報酬。

4. 不要盲目跟從他人

在進行投資時，應該有自己的判斷和分析，不要盲目跟從他人進行投資。原因有三：首先，每個人的財務狀況和風險承受能力不一樣，適用別人的投資策略不一定適合自己；其次，有的人為了推銷自己的產品或項目，可能會誇大收益、隱瞞風險或誤導客戶，如果盲目聽從他們的建議，可能會造成財務損失；最後，理財需要長期的規劃和專業的知識，只有自己掌握相關的知識和技能，才能做出明智的決策。

所以，理財時要保持理性思考和謹慎態度，不要盲目聽信他人，要自己充分的研究和風險評估，做出符合自己財務狀況和風險承受能力的投資決策。

任何投資都有風險。對大多數人來說，要降低投資風險，需設定合理的收益預期，不要盲目追求高收益。這是確保本金安全的基本原則，也是普通人必須遵循的一條投資底線。

認知外的錢是賺不到的

在《莊子‧外篇‧秋水》中，有一句話：「井蛙不可語於海者，拘於虛也；夏蟲不可語於冰者，篤於時也。」意思是說，井底之蛙不了解大海的寬廣，因為牠一生只能坐井觀天；夏天的蟲子不知道冰為何物，因為牠活不到冬天。可見，動物們的眼界會受到時間和空間的影響。其實人也是如此，我們不能理解超出自己認知範圍的事物。

因為每個人的認知不一樣，看到的世界不一樣，所以，做同樣的事情，他們的決策也不一樣，相應地，成功的機率也就不一樣。在投資理財這件事上，絕大多數人只能賺到自己認知範圍內的錢。這說明了什麼？說明財富是認知的變現。

從這個意義上說，你有什麼樣的認知，就賺什麼樣的錢，永遠賺不到認知之外的錢，即便偶爾賺到，也多半是靠運氣。一個人的認知和能力決定了他的思維和決策能力，從而決定了他的投資和交易結果。因此，在投資理財時，非常有必要為自

下篇　善用「底線思維」解決問題

己劃出一條底線——永遠不要試圖去賺認知以外的錢。否則，從你起心動念那一刻起，就注定會輸。

巴菲特是名副其實的資本大鱷，他的兩條投資理念一直為人們所津津樂道：

第一條：要找到傑出的公司，在這家公司出現危機時買入股票。

第二條：要長期持有這家公司的股票。

聽他這麼一說，覺得賺錢好像很簡單，沒有什麼難度。但是問題來了：在成千上萬家上市公司中，你怎麼能知道哪些公司是傑出的、它又會在什麼節點上出現危機呢？人云亦云，聽從專家、股評師的意見，你覺得自己會賺到錢嗎？說一千，道一萬，還是離不開認知。你的認知跟不上，別人說什麼，你都覺得「有道理」。

沒有人會透過看一兩本書，或是聽專家講幾節課，就成為理財高手的，也沒有人一直靠運氣在股市賺錢。高手之所以比普通人更能掌握住賺錢的機會，是因為他們在某些方面的認知更深入、更專業。在投資理財中，你只有擁有超過市場大多數人的認知，看到別人看不到的東西，做到別人做不到的事，才能賺到大多數人賺不到的財富。

所以說，提升認知是賺錢的底層邏輯——要提升自己投資

理財的能力，首先要學會更新自己的認知。怎麼快速提升呢？可從四個基礎方面做起。

1. 學習基礎知識

對於投資初學者來說，學習基礎知識非常重要。比如，學習基本的金融概念，了解貨幣的時間價值、風險和回報之間的關係、金融市場的基本構成等，以及有關股票、基金、期貨、債券和房地產等各種投資品種的基本知識，了解它們各自的特點、風險、回報等。

學習這些金融財務知識可以讓你更好地管理收入和支出，看懂現金流，分清什麼是資產，什麼是負債，並對網路金融等有更深入的了解，它有助於你對一些投資項目做出理性的判斷。因此，一定要重視對基礎知識的學習。

2. 掌握投資原理和技巧

學習基礎知識之後，還要掌握投資的基本原理和技巧。其中包括市場分析、股票分析、風險評估、資產配置、分散投資等。建議多參加各種投資研討會和課程，並實踐所學習的原理和技巧。另外，可以透過模擬投資和虛擬交易等方式，在實踐中不斷學習、總結和提高。

下篇　善用「底線思維」解決問題

3. 關注市場動態

可以從多個方面獲得市場動態。比如，透過財經節目、財經網站、報紙等媒體獲取資訊。再如，透過關注一些投資者、分析師、行業專家等的社群媒體帳號，來了解最新的市場動態。當然，還可以參加一些行業會議和論壇等。

4. 不斷反思和總結

在投資理財的過程中，要及時反思和總結自己的投資經驗和教訓，從而不斷改進和優化自己的投資策略和資產配置方案。在反思與總結時，要做好三點：

首先，要定期回顧投資組合。分析資產配置和投資決策是否仍然合適和有效。如果市場條件發生變化或者新的投資機會出現，應及時調整自己的投資組合。

其次，評估投資風險。確定現在的投資是否仍然適合自己的風險承受能力。如果市場條件發生變化或者新的風險因素出現，要及時調整自己的投資風險控制策略。

最後，記錄投資決策。透過記錄投資決策的過程，可以更容易理解自己的投資決策，發現自己的投資偏見和決策錯誤，並及時改進。

總之，要想成功投資理財，需長期學習並不斷提高自己的認知。只有內在的思維蛻變了，外在的賺錢結果才會發生改變。

賺錢有分寸，不短視冒進

在生活中，很多人都會用手頭的閒錢購買一些理財產品，防止錢在手上貶值。但是，不少人在購買理財產品時存有一種僥倖心理：投資某個項目，就是為了狠狠賺一筆，一天賺它 10 個點，賺夠 50 個點就撤出來。

這樣的發財夢，每天都有人在做，想想確實很美，但是它實現起來容易嗎？至少對普通人來說，是十分不容易的，無異於痴人說夢。

做什麼事都要講究度，賺錢更是如此。有的人賺錢的胃口一旦打開，就闔不上了。炒股時，每天想著自己的股票漲停，投資某個項目，總想著獲得超過市場平均收益，卻唯獨對風險缺少敬畏之心。如此一來，在利益的驅使下，會變得激進、冒進，一心想著賺快錢。

聰明的投資者，賠錢有底線，賺錢也有度。他們會見好就收，不會短視冒進，更不會中賺快錢的圈套。

一次，想投資的黃先生看到一個介紹投資技巧的影片。影

下篇　善用「底線思維」解決問題

　　片中，一個「導師」在介紹某個理財項目，說得頭頭是道。黃先生有些動心，於是私訊這位「導師」。對方讓他加入一個群組。進入群組後，他發現這是一個關於學習投資的交流群組。

　　群組裡，經常有一些投資者會發自己的戰報，這個說「今天賺了 10 個點，唉，還是買少了」，那個又說「王導師太厲害了，跟著王導操作有肉吃，看，我又賺了 15,000 塊」，而且他們會發一些收益的截圖。看群裡的很多人都賺到了錢，黃先生按捺不住，想跟著投資一些。

　　於是，他再次聯繫「導師」，對方說有時間可以帶他玩玩新的項目，並且告訴黃先生：「這是當下的風口，投資我說的這個項目，未來的收益不可估量。這樣吧，你按照我的指令操作，我讓你什麼時候買你就什麼時候買，讓你什麼時候賣你就什麼時候賣」。

　　黃先生登入了「導師」提供的一家網站，其中的投資項目有太陽能光電、水電、地熱能等。兩天後，客服人員聯繫他說：「導師發出了買入訊號，趕快買入，不要錯過這一波行情哦。」黃先生按照「導師」指定的項目進行了投資，第一次就加值了 25 萬元。果然，三天後投資的項目收益大漲，他成功提現 275,000 元。這讓黃先生興奮不已：「只要本錢足夠多，三五天都可以賺一輛賓士了，怪不得有錢人賺錢那麼容易，原來賺錢真的有門道。」

第十一章 投資的底線思維：安全至上

　　初次嘗到甜頭的黃先生，在「導師」的誘導下，開始不斷加大投資，先是投資 50 萬，賺了 5 萬後，又追加了 100 萬，之後，又連續投了 500 多萬。他每天做夢都想著「猜猜今天會進帳多少」，然而讓他沒有想到的是，有一天，他再次登入該網站時，發現打不開網頁了。他趕忙聯繫「導師」，可是怎麼也聯繫不上。「導師」像人間蒸發了一樣，不見蹤影。隨後黃先生被踢出了群組。這時，他才意識到自己被騙了。

　　在現實中，有不少像黃先生一樣的投資者，他們之所以容易上當受騙，主要是因為貪圖高回報、高收益，卻忽略了風險，說到底還是缺少底線思維。高收益必然意味著高風險，如果它們不對等，冒較低的風險可以獲取較高的收益，甚至零風險就可以賺取高收益，其中必有陷阱。很多時候，零風險反而是最大的風險。

　　要獲利固然需要冒一定的風險，但是，冒風險未必一定會獲利，如果冒某種風險的後果是自己不曾預料的，也是無法承受的，那這樣的風險寧可不冒。當然了，如果不冒一點風險就可以獲得可觀的收益，那也要拍拍腦門想一想：世上真有這麼好的事嗎，它又為什麼會落在自己身上？

　　很多人之所以上當，就是因為只想賺，不想賠，甚至有一種變態的心理——賺錢可以不設上限，多多益善，但是讓我少賺，或是賠一點是萬萬不可的。這樣的產品去哪裡找？顯然，

下篇　善用「底線思維」解決問題

只有騙子能提供。在投資理財方面，如果一個人擁有最基本的底線思維，大概知道收益與風險的區間及相互的關係，也不至於被騙得團團轉。

從這個角度看，底線思維是一種避險策略。高明的投資者在投資之前，會做詳細的分析，甚至會先把主要精力花在調查研究上，覺得確實值得投資才會去投，而不會盲目跟進，想著賺快錢，看別人買基金就跟著買基金，別人買股票就跟著買股票。

有位企業創始人做事一直堅持底線思維。他認為，一個企業必須有自己的底線和原則，這是企業生存和發展的基礎。

作為商人，他喜歡英雄式的表達，看似愛冒險，但是行動上不是。從創業至今，他做事一直比較穩妥，即便每年虧一億，對他來說也完全沒風險，或者說，風險是在可控範圍內。

為什麼？

因為他會為自己設定風險底線，即讓自己永遠賠得起，永遠不冒賠不起的風險。何為賠得起？簡單來說，就是即便我的籌碼都賠進去了，我也能承受，這種最壞的情況是在我的意料之中的。反之，如果我做某件事情，有可能遭受某種意想不到的損失，且這種損失是我無法承受的，那做這件事情即使再賺錢我也不做。

再來舉一個生活中的例子。

你打算做短影片營運,現在有人想把一個擁有 300 萬粉絲的帳號賣給你,你要不要買?你一定會問「價錢是多少」。如果是 5 萬塊,你會毫不猶豫地買下,為什麼?因為即便這個帳號做不起來,這點損失你尚能承受,損失的這 5 萬塊相當於交了學費。如果對方要價 500 萬呢?這時,你就要掂量一下風險了:能用這個帳戶賺 500 萬,或 1,000 萬固然好,那如果賠了呢?我能承受這麼巨大的損失嗎?如果承受不了,就不要想著「我也有機會賺好幾百萬呀」,畢竟,收益與風險是對等的。

很多聰明的商人即便是在自己最擅長的領域裡,也不會做賠不起的買賣。比如,你朋友開了一家餐廳,一直都很賺錢。有一天,你找他商量:「做小本生意沒意思,我們一起投資一個更大的餐飲項目吧。」你看他會不會做?大機率是不會的!因為他在這個行業摸爬滾打了多年,行業的水有多深、有哪些門道、有哪些風險,諸如此類,他都了解得很清楚,他不會受利益的驅使,而輕易去冒不必要的風險。開店、炒股、加盟、創業等莫不如此。如果他要投資一個項目,一定會對其風險做充分的評估,並作好應對風險的準備,以及相關應對方案的論證。

對普通人而言,在投資理財時,永遠不要想著賺快錢,不要短視冒進,而要有長線思維。不論你持有股票還是基金,必須要清楚一點:投資是一項長期的、不間斷的過程。比如,當你買入了某一檔股票或者基金,最好不要頻繁去操作,雖然中間可

能有些波動,甚至會有一些虧損。另外,對於理財要有一份長期的規畫,而不是一時的興起,更不能將理財當作賭博。如果不會賺長線的錢,總是在投機、賺快錢,當風險來臨的時候一定狼狽不堪。

理性配置家庭資產

我們都知道,CPI 幾乎每年都在上漲,它反映了一段時期內的通貨膨脹情況。提及「通貨膨脹」,首先讓人想到的是貨幣貶值。因為通貨膨脹,錢放在手裡會不斷貶值,購買力越來越低,要避免這種情況,該怎麼辦?大多數人會選擇投資理財。

畢竟,現在不像過去那樣閉著眼買房子就可以穩賺不賠,當然,也不能因為投資的不確定性越來越大,就把所有的錢都存在銀行,等著吃利息。如此,也達不到讓資產保值、增值的目的。

在這種情況下,我們就需要運用底線思維來配置家庭資產,即在盡可能規避風險的同時,實現資產收益最大化。具體該怎麼做呢?可以將家庭財富配置大致分為基礎、保值、增值三個層次。在增值層,可以配置收益相對較高,但是風險也相對較大的進取型投資產品;中間的保值層是風險和回報較低的保本型

投資產品；基礎層旨在保障基本家庭生活所需的投資產品，可以忽略其收益。

1. 基礎層：以現金、活期存款和保險為主

在這一層，主要有現金、活期存款和保險。其中，現金主要用於應付家庭的基本生活開支，比如柴米油鹽、水電燃氣、人情世故開支等，以及應對一些突發情況。那應該留多少現金合適呢？通常，可留出 1 至 3 個月的生活費。平時，不要用這部分錢去追求高收益，保證它的流動性。例如，可以購買各大銀行推出的可靈活買賣的低風險理財產品。

再來看活期存款。因為活期的利息很低，沒必要存過多的「活期」，那存多少合適呢？最好是存足夠家庭正常生活 6 個月的錢。其中包括一部分應急的錢，需要時馬上就可以取出來。

最後是保險的配置。它是底線防禦性資產配置的核心。俗話說「月有陰晴圓缺，人有旦夕禍福。」保險是保護家庭的最後一道防線。我們很難預料將來會發生什麼，但是，我們可以提前做好應對準備，以防萬一。

所以，每個家庭都應考慮保險的配置，不管你的家庭收入如何。當然，有人說「我的收入太了低，就不買保險了」。其實，這種觀念是錯誤的，要知道，一些意外事件，尤其是重大不

幸，對一個普通家庭的打擊是毀滅性的。如果家庭不寬裕，可以選擇一些適合自身經濟水準的保險。

當然，這裡的保險並不是任意的保險，而是指重疾險、意外險和醫療險等，想以此獲利，那是不現實的。在購買保險時，一定要注意投保的事項，避免投錯保，造成損失。

總之，這一層的資產主要用於保障家庭的日常開銷、衣食住行、社交娛樂等支出，也就是用來保底的，不奢望用它們賺取收益。

2. 保值層：以養老保險、債券基金等為主

在這一層，資財配置以投資養老保險、子女教育發展基金，以及一些低風險債券、信託等固定收益產品為主，總額可占到家庭資產的 40％ 左右。這些理財產品的主要特點是保本，而且可以帶來長期穩定的收入。

投資這些產品，主要以跑贏通貨膨脹為目的，避免資產在通貨膨脹中不斷貶值。不過像債券和信託基金，投資門檻都比較高，需要資金量也比較大，因此對於普通投資者來說，可以優先考慮收益和風險相對穩定的債券基金。其中，純債基金不投資於任何股票等高風險產品，屬於純固定收益類產品，波動小，本金安全性高，投資的門檻較低。

3. 增值層：以房產、股票、指數基金等為主

如果想追求比較高的收益，可以適當購入房產、股票、基金等。這部分資產可占到家庭總資產的 20% 左右。當然，高收益意味著高風險。其中房產投資需要的資金量比較大，而且它的紅利期已經過去，不能再像過去一樣爆發式增長。股票則是公認的高收益高風險產品。如果對股票市場不太了解，不建議投資股票，如果是資深的投資者，可以適當買入一些，並透過系統性的學習來降低這類投資的風險。

指數基金不同於債券基金，它跟隨指數漲跌。購買時會產生一定的費用，如申購費、管理費、託管費等，應盡量選擇費用較低的指數基金。在配置這些產品時，必須要有「底線」，不可冒進，並適時做動態的調整，以追求合理的收益。

以上三個層次的配置比例只是一個參考，不同家庭的收入結構、年齡層次、健康預期、風險偏好等不同，在各個層次的資產配置比例上自然不同。但是有一點是共同的，那就是在實現家庭財務平衡的前提下，按一定比例合理配置家庭資產，以保證資產長期、持續、穩健增長。

下篇　善用「底線思維」解決問題

第十二章
情感的底線思維：雙向奔赴的平衡

　　一段感情想要長久地維持下去，就要有底線、有原則，把握好分寸，特別是在自己的框架、邊界以內，要有百分百的控制力——失去底線，往往就失去了平衡，也就失去了被喜歡的資格。

下篇　善用「底線思維」解決問題

不要失去獨立性

不論是親情、友情，還是愛情，要讓一段感情長久地維持下去，必須要守好一些底線。如果在自己的邊界內，沒有底線，便沒有了對自我的控制力，如此，也就沒有了對一段感情的掌控力。特別在愛情方面，有底線、有原則地去愛，才不會失去自我，才會為愛留下空間。

正如某位主持人所說：「愛不能比較，多了是債，少了是怨。愛人七分足矣，剩下三分愛自己。」也就是說，愛也有分寸，也有底線，太滿了容易失去自我，同時也是對對方的束縛。有底線，不是有所保留，而是一種對彼此的保護。

在生活中，很多女性都渴望成為童話世界中的灰姑娘：希望有一天，有一位白馬王子能夠走進自己的生命中⋯⋯這些喝著愛情神話奶水長大的女性，或許連自己都不知道，王子究竟在哪裡？一直等下去，終究不是個辦法。

愛情無疑是美好的，但是人活著不能只為了愛情，愛情只是生命的一部分。生活中，很多人會為了愛情，放棄自我、放棄事業。特別是女性更需要思考這樣一個問題：如果有一天，妳的另一半不愛妳了，妳還有什麼？

愛情也需要有底線，其中最重要的一條就是：保持自我，

第十二章　情感的底線思維：雙向奔赴的平衡

不失去獨立性。在感情生活中能保持精神與經濟獨立的女性，往往也是幸福的女人。她們未必會經歷轟轟烈烈的愛情，未必會嫁給一個所謂的成功的男人，但是，她們有自己的理想與追求，且過得充實而快樂。

有這樣一則小故事：

一個年輕人捉住一隻鳥，隨後帶著牠去山中求見一位年老的智者。據說這位智者非常聰明，沒有什麼問題能難住他。如果誰能問倒他，誰就是全村最聰明的人。於是年輕人想：我將這隻鳥放在背後，然後問智者「鳥是活的還是死的」，看他怎麼回答。如果這位智者說是「活的」，我就將鳥掐死；如果這位智者說是死的，我就手一鬆，把這隻鳥放生。年輕人覺得，他的這種做法可進可退，非常高明。

到了山上，見到老智者後，年輕人將鳥藏在手中，然後將手背在身後，問智者：「您猜一猜我手中的鳥是活的，還是死的？」智者回答道：「是活是死操控在你的手上，你不要問我，問你自己，因為那隻鳥的命運是操控在你手上的。」

一個人的幸福，就像年輕人手中的那隻小鳥，需要牢牢地掌握在自己的掌心，而不是握在他人手中。一個人要活得精采，就千萬不能丟失了自我。在精神與人格上獨立的人，才配得上一段真摯的感情，才能活出應有的樣子。

文燕 30 歲出頭，雖然臉上不見風霜，眼睛裡卻寫滿了故

事。她每天笑意滿滿，自信溫和，不羨慕誰，也不嘲笑誰。大家都說，她活出了女人該有的樣子。與很多一心想靠婚姻改變命運的女孩不同，她更相信，只有靠自己的奮鬥才能獲得更長遠的幸福，她最欣賞的一句話是：「女人也可以自我獨立。」如今，她身價過千萬，卻依然在努力地打拚。

幾年前，她認識了一位男友，那時，她為了讓男友全身心地投入事業中，主動放棄了工作，一心照料他的生活起居。時間久了，她因為生活開支向男友伸手要錢。一次，男友不耐煩地對她說：「妳除了會花錢，還會做什麼？」

這句話深深刺傷了她的心。從那一刻起，她意識到：完全放棄自己的工作與事業，一味依附於他，將來真的會幸福嗎？之後發生的一些事，讓她對自己的未來有了新的思考：男友雖然事業小有成就，卻是個控制欲極強的人，總是希望自己按照他的意願生活，而文燕又有自己想要的生活。對她來說，錢雖然很重要，卻買不來她要的幸福。於是，她果斷離開了男友。巨大的環境反差，讓她內心難過，但是她不後悔，她決定要靠自己過上想要的生活。

從此，她開始了真正的成長——用她的話說，就是「做自己，而不是別人眼中的你」。經過三年的努力，她從身無分文，到實現財務自由，從一個普通的業務員，做到一家公司的老闆，實現了華麗的轉身。如今，她收穫了甜蜜的愛情與婚姻，

老公很愛她很體貼她，也非常支持她的事業。

德國大文豪歌德說過一句話：「誰若不能主宰自己，誰就永遠是一個奴隸。」這句話說得非常有道理，不論男人還是女人，只有具備獨立自主的人格、獨立自主的經濟能力、獨立自主的情緒價值，才不會淪為他人意志的附屬品，才能活得越來越高級，才能活得越來越精緻。

宮崎駿說：「不要輕易去依賴一個人，它會成為你的習慣。當分別來臨，你失去的不是一個人，而是你精神上的支柱。無論何時何地，都要學會獨立行走。它會讓你走得更坦然些。」

要想在情感世界中活出自己，就不能為了愛情捨棄一切，即便為愛情做出一些犧牲，也要守住應有的底線，如此才能獲得尊重，才能擁抱更好的人生。

學會及時止損

《黃帝四經・兵容》中有一句話：「當斷不斷，反受其亂。」感情生活也是如此。當一段感情帶給我們的悲傷多於快樂，或是它嚴重影響到我們的生活和工作時，一定要靜下心來，深入思考這樣一個問題：要不要終止，或是暫停這段感情？

在情感生活中，要學會及時止損，不要讓自己在錯誤的關

下篇　善用「底線思維」解決問題

係裡繼續做無謂的掙扎。及時止損，避免過度消耗，是對自己的一種保護。

有很多人，當一段感情進行不下去的時候，他們內心會無比的絕望。當痛苦積聚到一定程度，便會崩潰大喊：「我是如何對你的，你怎麼可以這樣對我？」其實，感情是不適宜用「良心」和「付出」來衡量的。在一段感情中，如果一方玩命地付出，卻換不來雙向的奔赴，那就要問問自己：「在什麼情況下，我才捨得放棄這段感情？」

有這樣一則笑話：

有一位帥氣的男孩，在讀大學期間和一個有錢人家的女兒談戀愛。女孩有些高冷，從心底裡看不上他，而且她的家人也極力反對他們交往。大學畢業後，女孩提出了分手，男孩開始死纏爛打。

為了打動女孩，男孩還在她家附近租了房子糾纏她。男孩兒一直堅信：為真愛付出是值得的。在女孩家附近租住了大半年，女孩的父母想盡各種辦法趕他走，但是他就是賴著不走。

有一次，女孩請他到家裡吃飯。飯桌上，女孩的母親對他說：「我們在城郊買了塊地皮，你在那裡搭個豬圈，餵幾頭豬，吃自家的豬肉放心。」他覺得這是女孩的父母在考驗他。於是，他在城郊豬圈辛辛苦苦勞作了半年。一天，他又被請到女孩家吃飯，女孩兒的父親告訴他，女孩兒已經辦妥了出國留學手

第十二章　情感的底線思維：雙向奔赴的平衡

續。就在他異常驚訝時，女孩戳著他的額頭說：「你不要擔心，我只是去上學，以後我爸媽就交給你了，要照顧好他們，否則我不會原諒你。」他一聽，立刻心花怒放。

又過了一段時間，女孩的父母要出國看望女兒，讓他去機場送行。他拎著大包小包，送兩個老人過了安檢。回來之後，他總覺得哪裡不對勁，醒悟過來後，一個人抱頭痛哭起來。

原來，臨行前女孩的父母把房子，連同豬及豬圈一同賣掉。實際上他們早已有了移民的打算。在這之前，就有人將實情告訴了他，但是他根本不信，他腦中全是對美好未來的憧憬。

故事中的男孩讓人又好笑又可憐，但是又怨得著誰呢？要怪就怪自己太過痴情，為了所謂的真愛沒有及時止損，一次次失去應有的底線。最終收穫的只有遺憾與痛苦。

在一段感情或關係中，當你投入了足夠的時間、精力、金錢後，卻發現這些付出得不到應有的「回報」，那就需要為自己劃定一條明確的底線。當事情靠近這條底線時，要記得及時止損。

經濟學中，有一個詞叫「沉沒成本」，它也可以運用在感情中。怎麼理解？感情中的沉沒成本，就是指那些無法用金錢衡量的、精力和情感方面的付出。沉沒成本越高，得不到之後的痛苦指數就越高。這也是為什麼感情破裂後，有的人一直放不下，也無法釋懷的原因──他們為感情付出了太多，心有不甘。

下篇　善用「底線思維」解決問題

好的感情養人，壞的感情傷人。有些人因為好的愛情而變得容光煥發，越來越好，有的人因為壞的愛情而變得死氣沉沉，失去了應有的活力。因此，當一段感情不再是我們想要的，或是會帶給我們嚴重的精神內耗，抑或會帶給雙方傷害時，一定要懂得及時止損。及時止損並不是做一個愛情的「背叛者」，而是清楚即使跟對方在一起，也不會獲得幸福。這樣情形下的放手，是一種理性的選擇。

及時止損，是情感上的「斷捨離」，也是一種底線思維。在生活中，透過「斷捨離」，可以讓我們的生活變得更簡潔。比如，不用的東西及時丟掉，避免家裡變得雜亂擁擠；不穿的衣服送人或扔掉，避免堆滿衣櫃；沒有實際價值意義的東西，不去買，省錢又省心⋯⋯

那在感情中，該如何運用底線思維來及時止損，降低「沉沒成本」呢？需把握好下面幾個方面。

1. 金錢止損

在感情中，不論對方做什麼，如果只有一個目的，就是為了消費你，那可以考慮及時止損。原因很簡單，對方是衝著你的物質條件來的，只有你持續地為她（他）花錢，才能維繫這段「感情」。這時，錢更像是維繫彼此關係的紐帶。一旦你停止

第十二章　情感的底線思維：雙向奔赴的平衡

了掏腰包,那這段關係也就畫上了句號。面對這樣的感情,必須及時止損。否則,在不斷付出的過程中,不但會產生經濟壓力,也會為自己帶來精神傷害。

2. 感情止損

當一段感情不再讓你幸福,甚至可能帶來傷害時,要及時採取措施以終止或減少自己的損失。在止損時,要注意這幾點:首先,必須要認清現實,確認這段感情存在的問題,不要抱有僥倖心理;其次,要勇敢地面對自己的感受和決定,不要為了取悅他人而保持一段不幸福的關係;最後,要設立邊界,避免與對方再有過多的接觸和交流。

3. 時間止損

人的一生很短,不要在一段注定沒有結果的感情中浪費太多時間。當一段感情無法達到自己的期望和目標時,要學會終止或減少自己的時間投入。為此,要做好這幾點:首先,要設定時間界限,明確自己願意投入的時間和精力,讓對方了解自己的底線;其次,要學會說「不」,拒絕對方的不合理要求或請求,減少自己的時間投入;最後,合理分配時間,安排好自己的生活和工作。

人生苦短,不要為了不值得的人和事無謂地付出,沒有結果的感情,要懂得趁早放棄。放棄不是因為懦弱,而是一種智慧——將可能承受的風險及受到的損失降到最低。

登門檻效應

登門檻效應,又叫「得寸進尺效應」,指的是透過逐步提出微小的請求,最終讓對方同意更高的要求。也就是說,當你接受了一個小的要求後,有人再向你提出一個稍高的要求,這時你接受這個要求的可能性會增加。通常,面對很難的要求時,我們更傾向於拒絕。但是,在答應了一個小的要求後,再接受稍大一點的要求會變得容易些。可見,它是一種心理戰術。

美國加州心理學家曾做過這樣一個實驗:

他們先是就在社區立一塊寫有「安全駕駛」的大牌子一事,徵詢社區業主們的意見,就像他們預料中一樣,大多數業主拒絕了這個要求。

後來,他們向社區的業主們寄出一封倡議書,希望他們能簽名支持「保護加州的優美環境」的活動。只要在上面簽個字,就能完成一件光榮的事。於是,幾乎所有業主都簽字了。

過了一段時間,實驗人員希望這些簽了字的業主們能夠允

第十二章　情感的底線思維：雙向奔赴的平衡

許工作人員在社區門口立一塊「安全駕駛」的公告牌。公告牌不大且美觀，結果有一半的業主同意了這個要求。

又過了一段時間，實驗人員再一次致信業主，希望把小公告牌換一個大點、醒目一些的大廣告牌。結果有一大半的業主同意了這個請求。

為什麼很多人會同意這件事呢？原因有兩點：第一，簽名是一件微不足道的事情，舉手之勞就能為公益事業做貢獻，何樂而不為。第二，因為之前已經參與了活動，被貼上了「熱愛公益的好市民」的標籤，再說要求也不高，為了不破壞形象，自然也就盡可能滿足要求了。

透過這次實驗，心理學家證實了「登門檻效應」的有效性。

「登門檻效應」常被用於行銷和談判等一些場景中。比如，一位銷售員向一位客戶推銷產品，對方對他的產品並不感興趣。但是，銷售員一再向客戶提出一些小小的要求：先是詢問客戶的聯繫方式，客戶覺得這個要求並不過分，於是告訴了對方；接著，銷售員又向客戶提出另一個小小的要求，邀請他參加某個產品釋出會，客戶再次同意了他的請求，接著銷售員又提出⋯⋯透過逐步提出微小的請求，這名銷售員最終從客戶那裡拿到了訂單。

在情感生活中，「登門檻效應」也很常見。比如，在戀愛關係中，一方可能會提出一些小小的請求，如果另一方答應了這

219

些請求,接下來,請求者很可能會提出新的請求,甚至讓對方做出某些改變或犧牲。

有一位男孩喜歡上了一個女孩。為了追求女孩,男孩運用了「登門檻效應」,逐步提高自己在對方心中的地位。

首先,男孩向對方提出借一本書。女孩很大方地將書借給他,並沒有太在意。在還書時,男孩和女孩聊了一會兒。這是男孩第一次和對方深入交流,感到非常開心。

接下來,男孩又向女孩提出借書的要求。這次女孩有些驚訝,因為她沒想到他還會來借。但是,她還是同意了。在還書時,男孩和女孩聊了更長時間,話題也越來越深入。

逐漸地,男孩向女孩借的書越來越多,兩人見面的機會也越來越頻繁。久而久之,女孩對男孩產生了好感,最後兩人成了男女朋友。男孩成功地運用「登門檻效應」,一步步俘獲了女孩的芳心,避免了直接表白可能產生的尷尬,不失為一種有效的戰術。

但是,換一個角度看,在情感世界中,很多時候我們之所以守不住底線,一次次妥協、退讓,一方面與底線不牢有關,另一方面,也與對方採用的「登門檻」戰術不無關係。

在婚戀關係中,不能因為愛一個人,就無底線縱容對方。很多人容易在愛情裡一次次失去底線,去「成全」對方。結果呢?只會讓對方得寸進尺。好的感情是雙向奔赴的,而不是只

第十二章　情感的底線思維：雙向奔赴的平衡

有一方的犧牲、付出，否則這種感情是不長久的，最終受到傷害的也必然是守不住底線的一方。所以，在情感生活中，既要巧妙地運用「登門檻效應」來昇華彼此的關係，也要警惕對方採用這種效應來突破我們的底線。

不論是戀愛，還是婚姻，都像是一場自由的博弈，雙方需要勢均力敵。在博弈的過程中，都應有自己的底線和原則。守住自己的底線，且不去踩踏對方的底線，才能相敬如賓，共同成長。否則，一方一再失去底線，便給了對方得寸進尺的侵犯的機會。

比如，你接受了他偶爾在家吸菸，那他以後很有可能經常在家裡吸菸；一旦你接受了他夜深晚歸，那他以後很可能夜不歸宿；一旦你接受了他與別人打情罵俏，那他會覺得與別人再親密一點也沒什麼不可以等等。最後，當你的底線一再被突破，最終忍無可忍時，問題其實已經相當嚴重了。這時再想全身而退，幾乎不太可能了。

所以，在情感世界裡一定要警惕他人的「登門檻」戰術。這裡給出幾條實用的建議。

首先，要警惕小的請求。在準備接受他人請求時，要警惕它是否是一個逐步請求的過程。所以當對方提出小的請求時，要認真考慮是否合理、是否與自己的利益相符合。

其次，拒絕不合理請求。如果對方提出的請求不合理，可

下篇　善用「底線思維」解決問題

以拒絕或提出自己的看法。在拒絕時，要保持禮貌和誠實，不要讓對方產生誤解或失望。

再次，堅持自己的底線。在情感生活中，要堅持自己的底線和原則。如果對方提出的請求涉及自己的底線，一定要表達自己的想法和態度，不要被對方的要求所左右。

最後，要注意溝通和協商。在對方提出請求時，可以與對方溝通和協商，尋找雙方都能接受的解決方案，但是不要輕易讓步。

總之，在情感生活中要對一些「登門檻」的行為保持警覺，守好自己的邊界，不要一次次降低自己的底線，以避免被他人左右或利用，為自己帶來傷害。

第十二章　情感的底線思維：雙向奔赴的平衡

電子書購買

爽讀 APP

國家圖書館出版品預行編目資料

底線思維，風險掌控與邊界設定的智慧：站穩原則起點，突破自我界限！底線思維教你如何在風險中找到平衡點，掌控人生主動權 / 俞蘭著 . -- 第一版 . -- 臺北市：沐燁文化事業有限公司 , 2025.02

面； 公分

POD 版

ISBN 978-626-7628-45-4(平裝)

1.CST: 成功法 2.CST: 生活指導 3.CST: 思維方法

177.2　　114000802

底線思維，風險掌控與邊界設定的智慧：站穩原則起點，突破自我界限！底線思維教你如何在風險中找到平衡點，掌控人生主動權

臉書

作　　者：俞蘭
發 行 人：黃振庭
出 版 者：沐燁文化事業有限公司
發 行 者：崧燁文化事業有限公司
E - m a i l：sonbookservice@gmail.com
粉 絲 頁：https://www.facebook.com/sonbookss/
網　　址：https://sonbook.net/
地　　址：台北市中正區重慶南路一段 61 號 8 樓
Rm. 815, 8F., No.61, Sec. 1, Chongqing S. Rd., Zhongzheng Dist., Taipei City 100, Taiwan
電　　話：(02) 2370-3310　　傳　　真：(02) 2388-1990
印　　刷：京峯數位服務有限公司
律師顧問：廣華律師事務所 張珮琦律師

-版權聲明

本書版權為中國經濟出版社所有授權沐燁文化事業有限公司獨家發行電子書及繁體書繁體字版。若有其他相關權利及授權需求請與本公司聯繫。

未經書面許可，不得複製、發行。

定　　價：350 元
發行日期：2025 年 02 月第一版
◎本書以 POD 印製